U0626797

徐卫民 编著

发现陕西

FAXIAN SHAANXI

雄伟壮观帝王陵

未来出版社

图书在版编目（CIP）数据

雄伟壮观帝王陵 / 徐卫民编著. --西安：未来出版社，2014.11（2016.10 重印）
（发现陕西）
ISBN 978-7-5417-5446-3

Ⅰ. ①雄… Ⅱ. ①徐… Ⅲ. ①陵墓—介绍—陕西省 Ⅳ. ①K928.76

中国版本图书馆 CIP 数据核字（2014）第 262198 号

雄伟壮观帝王陵

XIONGWEI ZHUANGGUAN DIWANGLING

作　　者　徐卫民
摄　　影　郭　燕　徐卫民　张天柱　樊延平　于春雷　丁晓雯
　　　　　刘向阳　刘中和　赵艺蓬　肖健一　王　磊

选题策划　尹秉礼　陆三强
丛书统筹　陆三强　陆　军
责任编辑　周　苗
封面设计　李亚兵
技术监制　宇小玲　宋宏伟
出版发行　未来出版社
　　　　　地址：西安市丰庆路 91 号　邮编：710082
　　　　　电话：029-84297353　88654719
经　　销　全国新华书店
印　　刷　陕西东风海印刷有限公司
开　　本　880mm × 1230mm　1/32
印　　张　6.5
字　　数　80 千字
插　　图　148 幅
版　　次　2014 年 11 月第 1 版
印　　次　2016 年 10 月第 2 次印刷
书　　号　ISBN 978-7-5417-5446-3
定　　价　25.00 元

发现陕西，这个令人神往的地方

李　曦

陕西，是一片神奇的土地。

黄土背负着它，黄河拥抱着它，秦岭巴山拱卫着它。

当你打开中国地图，从乌苏里江到帕米尔高原，从漠河到雷州半岛，中国大地的“原点”在哪里？——陕西。陕西是名副其实的“天下之中”！

当中央电视台、中央人民广播电台向全世界播报“北京时间”时，“北京时间”由哪里发授？——陕西。北京时间就是西安时间！

中国历史特别眷顾这片土地。

走在这里的田野上，随便踢起一片砖瓦，说不定它就是周秦汉唐的遗物——这里是随便踢一脚都可能踢出文物的地方！

蓝田猿人从这里站起来，走过了数十万年的历史时空；半坡人在这里生活繁衍，描绘了他们最美的图画；华夏文明从这里撕开蒙昧的黑幕，让文明的曙光照临大地；周秦汉唐在这里兴起，写出了中国古代史上最为光辉的篇章；中国共产党从这里迈开大步，把自己领导的革命推向全国胜利。这里是号称“天然历史博物馆”的地方，在第三次全国文物普查中，陕西地上地下共有文物点49058处，其中古遗址23453处，古墓葬14367座，古建筑（遗址）6702处，国家级重点文物保护单位235个，省级文物保护单位598个，县级文物保护单位2157个，国家级文物123件（组）。这里的古遗址、古建筑、国家级文物数量之多，列全国之首。这里是号称"自古帝王都"的地方——西周、秦国、秦、西汉、新莽、东汉（献帝）、西晋（愍帝）、前赵、前秦、后秦、西魏、北周、隋、唐和大夏曾在陕西建都，延续时间达1500年之久——在中国所有古都中，西安建都的历史最长；在世界四大古都中，西安是东方古都的代表；"南方的才子北方的将，陕西的黄土埋皇上"——中国历史上70多位帝王埋葬在陕西的黄土中，使这里成为中国埋葬帝王最多的地方。这里是中华民族精英荟萃之地，走出过千千万万叱咤风云的人物：中华之祖炎黄二帝、创造文字的仓颉、教民稼穑的后稷、礼贤下士的周文王、制礼作乐的周公旦、传道著经的老子、千古一帝秦始皇、雄才大略的汉武帝、"凿空西域"的张骞、"千秋太史公"司马迁、造纸的蔡伦、药王孙思邈、一代英主李世民、女皇武则天、佛学宗师唐玄奘、"诗圣"杜甫、"诗仙"李白、"新乐府"倡导者白居易、字如其人的大书法家颜真卿、理学家张载、大文豪苏轼，以及毛泽东、周恩来、张学良、杨虎城……

外国人说，到中国不看西安等于没到中国；中国人说，看五千年文明不到陕西等于灭灯观史、黑夜行游！

大自然特别厚爱这片土地。

它把全世界最大的风成高原——黄土高原的中心给了陕西；它在这里推涌出中国南北气候分界第一岭——秦岭；它牵引着黄河以惊天动地之势在壶口给中华民族塑造了一个雄伟壮观的象

征;它以鬼斧神工铸就“中华”万年不移之根基——奇险天下第一山的“华山”;它给中华文明特别开辟出一片沃野千里的“天府”之地——关中平原;它独让陕西聚塞上风光、黄土风情、平原景色和江南意趣为一体,让这片土地物产丰饶而风情万种;它在这片土地下埋藏了中国最多的煤和天然气,给陕西经济腾飞准备了无与伦比的能量资源;它让这里成为中国最大的生物物种基因库之一;它给这里造就了号称“天然地质博物馆”的第四纪冰川遗迹……

现代正密切关注着这片土地。

这里有全国领先的科研机构和军工企业;这里产生了众多国内顶尖、世界一流的科技成果;这里有全国著名的“飞机城”“纺织城”“农科城”;这里有众多的高等学府和全国最大的民办大学;这里有一支名震全国的作家队伍;这里制作出让世界刮目相看的电影作品,这里的秦腔是中国现存最古老的剧种,这里的腰鼓名闻天下,这里的苹果香飘全国,这里的西凤酒誉满海内外;这里有全世界唯一的朱鹮自然保护区,这里是川金丝猴最大的生息繁殖基地;秦兵马俑成为名传中外的世界第八大奇迹,佛指骨真身舍利让这里成为佛教旅游的圣地;这里有中国最现代化的历史博物馆,这里有中国公路第一隧道……

这就是陕西,一个令人神往的地方。

目 录

陕西帝王陵墓概览

“秦中自古帝王都。”陕西是中华民族的重要发祥地，是中国古代长期的政治中心。自西周建立至唐灭亡的近2000年间，先后有14个王朝在陕西建都。按照“陵随都移”的规律，都城在陕西，帝王们一定把自己的陵墓修在陕西。帝王们生前叱咤风云，死后仍然要像生前一样，统治着地下世界。因此，周秦汉隋唐既为陕西创造了辉煌的地上文化，同样也为陕西创造了辉煌的地下文化。

陕西古代帝王陵的数量和密集度为全国之最。其分布呈现出两个极为鲜明的特点：其一，数量多。在陕西建都的14个王朝的墓葬分布广泛，数量庞大，达70多处，大多集中在关中地区。其二，质量高。在陕西建都的朝代多是中国古代的盛世时期，又是厚葬盛行的时期，尤其是西周、秦、西汉、隋、唐几个朝代，因此墓葬规模大，墓葬中的陪葬品数量多、质量高。

小资料

陕西十四朝

在陕西建都的王朝或政权有：西周、秦、西汉、新莽、东汉献帝、西晋愍帝、前赵、前秦、后秦、大夏、西魏、北周、隋、唐。

陕西又是中国古代发展过程中最为辉煌的时期，既出现了传说时期的黄帝、炎帝这样人们心目中的英雄，也出现了历史时期的周文王、周武王、秦始皇、汉武帝、隋文帝、唐太宗、武则天、唐玄宗等中国古代杰出的帝王。

俗语云：江南的才子北方的将，陕西的黄土埋皇上。这充分反映出陕西帝王陵的影响之大。目前在陕西留下的这70多座帝王陵墓是中国乃至世界的重要文化遗产。黄帝陵成为中华民族的共同祖陵，海内外的炎黄子孙每年都来到这里祭祀与表达敬仰；秦始皇陵以其深刻的文化内涵和丰富的地下埋藏，于1987年成为中国第一批进入“世界文化遗产”的项目之一；29座汉唐帝陵像金字塔一样，迄今巍然屹立在渭河以北的高原上，吸引着世界各地人们的眼球，被誉为“中国的帝王谷”、“中国的金字塔”。

“秦中自古帝王都，陕西文物甲天下。”帝王陵墓是中国古代帝王留给后代社会的一笔重要文化遗产，之所以如此，是因为古代帝王陵墓是按照“事死如事生”的礼制营建的，是当时社会现实的真实反映，帝王陵地上、地下宫殿中随葬品应有尽有。虽然由于古代战争等原因，地宫中的文物大多被盗掘，地面上雄伟建筑也大多荡然无存，但是通过考古勘探与发掘，陕西古代帝王陵仍然为复原中国古代的社会状况提供了第一手的珍贵资料。

▲秦始皇嬴政是古今中外第一个称皇帝的封建王朝君主。

1. 数量与规模

陕西古代帝王陵，民间有“七十二陵”之说。有关部门和专家认为，除中华民族公认的始祖轩辕黄帝陵外，经田野调查能基本确定的有42座，即春秋战国时代的秦景公、秦惠文王、秦悼武王、秦昭襄王、秦孝文王、秦庄襄王6陵；秦朝秦始皇、秦二世2陵；西汉11个皇帝陵；十六国至北朝时前秦苻坚、大夏赫连勃勃、西魏元宝炬、北周武帝宇文邕各1陵；隋代文帝杨坚1陵；唐18个帝陵。还有虽未确定墓冢，但经多方面考察确认应葬在陕西的，有西周13位帝王中的7位；秦24位秦公；后秦1位、北魏1位、西魏1位、北齐2位、北周4位；隋1位，共计41陵。以上合计83座帝王陵。其中，已正式发掘或局部试掘的有春秋战国时期秦雍城秦公一号陵墓；秦代的秦始皇陵兵马俑坑、铜车马坑、石铠甲坑、百戏俑坑、青铜水禽坑等；西汉阳陵南门、东门阙址、从葬坑、礼制建筑遗址，茂陵陪葬坑，杜陵陵园遗址等；北周孝陵；唐代的乾陵羡道、三出阙遗址、陪葬墓，昭陵的陪葬坑，让皇帝惠陵，唐僖宗靖陵地宫等。

古人相信人的灵魂长生不灭，主张“事死如事生”，因而人死后的另一个世界也是极为丰富的，应有尽有。作为古代的最高统治者的帝王，死后陪葬更是有过之而无不及。帝王陵的建造是古代最重要的国家工程项目，一般由一人之下、万人之上的丞相来监督修建，由少府、太常等机构进行管理。秦始皇13岁刚一即位就开始修建陵墓，并且动员了多达70万人的惊人规模，修了近40年还没有修完，陵园面积达到56.25平方千米。西汉时更明确规定，帝陵从新皇帝登基的第二年就开始建设，每年要耗用国家财政预算的三分之一。汉武帝在位54年，他的茂陵就修建了整整53年。到晚年他人还健在，但茂陵内的陪葬品却已塞得满满的，陵园面积达到60平方千米。唐代帝陵是中国古代社会发展高峰时期墓葬制度的代表，是中国陵寝发展史上重要的阶段，是唐王朝兴衰历程的见证。唐昭陵陵区范围竟达200平方千米。陵园气势宏伟，建筑布局严谨，随葬品丰富，蕴涵极高的历史、科学价值。

陕西的帝陵在世界上占有重要地位，经国内外专家评定，陕西众多帝陵中现有世界文化

▼黄帝陵外景

遗产1处、全国重点文物保护单位37处、省级重点文物保护单位7处。

从陕西古代帝陵的分布看，绝大多数位于关中，主要围绕着古都长安；在关中又主要分布在渭河以北高原上，著名的西汉九陵、唐十八陵都是如此。

2. 选址和营建

帝陵建设一般由朝廷重臣领衔挂帅，并由最优秀的建筑师、礼仪专家、艺术家和堪舆师（风水专家）组成团队负责选址和工程设计。选址是最优先考虑的项目，并且是重中之重。其过程非常复杂。选址的重点当然首先是风水，即周边的自然环境，包括地理位置、地质、土壤、水文等方面的因素，但同时也须考虑陵址对国家、对民族的长远影响，以及政治、军事、交通等多重因素。

秦始皇陵一墓独尊，南依骊山，北邻渭河，山水地形俱佳；西汉十一陵分别位于高大的咸阳原、白鹿原和少陵原上，俨然一座座金字塔；唐代的帝陵大多依山为陵，气势雄伟高大。

高大的封土显示出皇帝的威严，地下宫殿象征着生前的皇宫，陪葬品应有尽有。从西汉霸陵"依山为陵"开始，到唐十八陵中就有14座是“依山为陵”。这里有其特殊的原因：从整个唐朝其他方面的情况看，唐朝所有的大项目，除了实际的功能需求外，还有着占很大比重的精神需求，如长安城的宏大规模、城中极为宽阔的马路等，都不是单纯的功能需求能解释的。像帝王陵这样的实际功能与精神需求并重的特殊项目，更是有着超乎寻常的精神因素。依山而建的帝陵，巍峨的山丘就是墓冢，高耸的山梁就是神道，其俯览大地、傲指苍穹的“高山仰止”的雄强气势，是人工所筑、最多几十米高的土筑陵丘所望尘莫及的。按照唐朝的时代气息和唐人的精神风貌，我们完全可以理解，帝王们以大山为陵而不是筑小丘为冢，要的就是一种理想境界、一种恢宏气势，这比单纯建一个死后的栖息之所更重要。这些帝王陵所凝聚的“精”、“气”、“神”不会随风而逝，反而在漫长岁月的延宕中固化为一种历史的永恒。秦汉隋唐时代气壮山河的帝陵，就是当时文化的产物。

在古代，修建帝王陵，除了为死后的帝王建栖身之所外，更重要的是，要通过修建帝王陵来保持原有的政治权威，并且要一代又一代地传承下去。秦始皇在选择自己的帝号时，除了从传说中的三皇五帝中择出“皇帝”二字外，还特意又在前边加了一个“始”字，即从他开

小资料

金字塔

金字塔是古埃及国王的陵寝。这是一种高大的角锥体建筑物，底座四方形，每个侧面是三角形，样子就像汉字的“金”字，所以我们叫它“金字塔”。

小资料

墓 葬

人类将死者的尸体或尸体的残余按一定的方式放置在特定的场所，称为“葬”。用以放置尸体或其残余的固定设施，称为“墓”。在中国考古学上，两者常合称为“墓葬”。

始，要二世、三世一直传下去，直到千世、万世，永远无穷。其陵墓不再称“陵”或者“墓”，而是称为“丽山”，远比此前的王陵高大得多，俨然是中央集权、皇家威严心态的充分流露。

3. 帝王陵概况

陕西帝陵的概况，分地上和地宫两大部分。地上部分，早期如西周到春秋前期是“不封不树”的，即地面没有陵丘封土和树木，但应有供祭祀的享堂之类建筑，称为“享堂墓”，由于年代久远，现地面已很难找到痕迹。正因为如此，西周的统治者天子墓到目前还没有找到。

秦国国君的墓葬排列比较清楚，从雍城陵区来看，已经发现了22个“中”字形大墓，栎阳

▶ 秦始皇陵外景

的秦公陵区按照史书记载，已经出现了高大的封土墓，到惠文王和武王墓，已经由两个墓道的“中”字形变成了四个墓道的“亚”字形大墓，这在当时是僭越礼制的行为。到了秦昭襄王时，陵寝建筑开始出现在封土周围。到秦始皇陵时，更出现空前绝后的巨大封土陵丘，高达115米，至今残高仍有70余米。秦的陵墓都修建有围沟或者夯土墙，作为防护或者加以区别。秦始皇陵分为内外两城。

西汉十一陵巍然屹立在西安的周边，像一座座金字塔。汉景帝阳陵封土周围有众多的陪葬坑和陪葬墓，俨然是把汉长安城的各个部门搬到了地下。从高祖长陵开始都修建有高大的封土，汉文帝霸陵是依山而建，开创了“以山为陵”的先例。

唐代帝陵气势雄伟，以山为陵，其规制也

是模仿首都长安，以乾陵最典型，有内城、外城之分。

帝王陵园内一般有多种功能性建筑，包括寝殿、便殿、门阙、宫墙、礼制建筑、陪葬坑、陪葬墓等。秦汉时期，这种形制进一步明确，而且开始在陵园以外建设陵邑，作为陵墓的管理与祭祀机构。现秦始皇陵西门阙、汉阳陵南阙、东阙遗址已经发掘，规模宏大，气势雄伟，蔚为壮观。

从秦始皇陵开始，陵墓制度发生了诸多变化，地上已经出现了石像生，如石麒麟等。到西汉武帝茂陵时，在陪葬墓霍去病墓上出现大量石刻，即著名的茂陵石刻。从唐代开始，帝陵前甚至陪葬墓前置石刻，已成为定制或惯例，而其中以乾陵石刻规模最大、数量最多，包括华表、翼马、鸵鸟、仗马、翁仲、石狮、61个宾王，总计127件；桥陵石刻甲天下，是古代中国最优秀的石刻作品之一。

从秦始皇陵开始，陪葬坑中出现大型陶俑军阵，这也得到汉代帝陵的继承与发展。

帝陵的地宫部分，因现在发掘的极少，故不能详知具体情况。从秦公一号大墓看，其墓穴为一敞开式大坑，规模十分惊人，东西两端均有倾斜的墓道，呈"中"字形，长达300米、深24米。棺椁和诸多陪葬品安放好以后，再加木结构棚架并填土，最后封平地面。棺椁

小资料

墓葬等级区别

"亚"字形墓的墓室，是一个巨大的方形或"亚"字形的竖穴式土坑。四面各有一个墓道，类似于汉字中的"亚"。它是最高等级的墓葬形制。次一等的是有两个墓道的"中"字形墓，再次一等的是只有一个墓道的"甲"字形墓。更低的就没有墓道了，只有一个墓坑而已。

为木制，有代表最高级葬式的“黄肠题凑”。从秦惠文王开始，秦王陵开始出现“亚”字形墓葬，即四个墓道，这在当时就是最高级别的墓葬，是周天子才可以享用的。但由于当时秦国国力强大，而周天子只是名义上的共主，所以秦王陵开始僭越礼制。汉代的帝陵地宫形制也是“亚”字形。隋唐帝陵地宫改变了秦汉时期的帝王陵形制，实行“以山为陵”的洞室墓。

秦汉隋唐时期的帝王陵盛行厚葬制度，因此，随葬品极为丰富，玉器、金银器、铜器等精美的随葬品应有尽有。雍城的秦公一号大墓历史上尽管有200多次被盗掘，但仍然发现了3500多件文物，而且不乏玉器和金银器。在被盗掘的秦东陵追回文物中，还有精美的漆器。秦始皇陵的陪葬品更为丰富多彩，不仅有被称为“世界第八大奇迹”的兵马俑，还有被称为“青铜之冠”的铜车马，其地宫中的

▼秦始皇陵铜车马

▲著名的秦始皇陵兵马俑

藏品更是令人称羡。汉景帝阳陵已经出土了众多的陪葬品及形象优美的“维纳斯”陶俑群，汉武帝茂陵陪葬坑出土的文物更为精美，有鎏金铜马、青铜犀尊和四神玉铺首等。唐代帝陵的壁画以风格独特的建筑、简约传神的人物、特色鲜明的器物、简洁明快的山水与栩栩如生的动植物，描绘了当时的仪礼规范、生活习俗、服饰特色、娱乐方式等，是研究唐代社会生活尤其是贵族生活和精神追求的宝贵资料。

4. 发现帝王陵的意义

历代修建帝王陵墓，是按照“事死如事生”礼制进行的，是当时政治生活、社会生活、文化生活、精神生活的具体表现。不仅要保持原有状况，而且要保持原有政治地位和权威。西汉11位帝王中的9位，把自己的陵墓选择在咸阳原上，而这9座陵墓中，又有5座设有陵邑，因此咸阳原也称为五陵原。陵邑的设置就是要让帝王在入土之后依然有领地可供统治，实际是将在世的统治延长了。5座陵邑的住户都是天下富豪或有地位的人，从全国各地迁到关中，大学者司马迁就是随父亲一道从故乡韩城龙门迁到茂陵邑的。这5座陵邑都有相当规模，如茂陵县人口就多达27.5万人。因为五陵邑多官宦富户，所以其子弟往往游手好闲、惹是生非，后来的成语“五陵少年”就由此而生，成为纨绔子弟的代称。实质上，当时长安城周边的陵邑就是汉长安城的卫星城，对宏大的汉长安城起着烘托的作用，也减少了长安城的人口压力，这也为现代城市发展建设提供了借鉴。

小资料

五陵邑

汉高祖九年（前198年），刘邦接受刘敬的建议，将关东地区的大官、富人、豪杰及家眷大量迁徙关中，伺奉长陵，并在陵园附近修建长陵县邑，供迁徙者居住。以后，汉惠帝、汉景帝、汉武帝、汉昭帝也都竞相效仿，相继在咸阳原上修造安陵邑、阳陵邑、茂陵邑和平陵邑。后来皇帝又不断迁贵族于此，“五陵”便成为富豪聚居的地方。因此，有钱有势人家的子弟叫“五陵少年”。

昭陵、乾陵附近大量陪葬墓都出土有壁画。由于墓主人身份很高，故作画者多为专业画家甚至著名艺术家。就目前所见，唐墓壁画中的优秀作品比之传世的唐代文人画，其水平丝毫不逊色乃至有所超越。甚至有海内外学者把永泰公主墓壁画中的一位捧杯仕女评价为“中国古代第一美人”。乾陵陪葬墓壁画中，有5组被评定为中国最高等级的国宝。这些都是对这种独特绘画艺术价值的充分肯定。

▼乾陵陪葬墓壁画

如今，帝陵旅游成为陕西旅游发展的主力军。秦始皇陵是目前陕西唯一的世界文化遗产，其雄伟的气势，深

▶ 黄帝陵的公祭场面

邃的内涵，卓越的陪葬品，吸引了世界上数千万人来此参观，更曾有世界上200多个国家元首来这里考察观光，使之成为陕西旅游业的龙头，极大地提高了陕西在世界上的影响力和知名度。汉景帝阳陵已经成为另一个重要的人文景点，地下陈列形式将古代实物与现代科学技术良好结合，为陕西帝陵旅游发展带来新的机会。唐高宗与武则天的乾陵，也以其雄伟的气势征服了海内外的人们。随着帝王陵考古的进一步发展，必将带动陕西的文化产业和旅游业更进一步地发展。

人文初祖黄帝陵

黄帝陵位于陕西省延安市黄陵县城北桥山，是中华民族始祖黄帝轩辕氏的陵墓。

《史记》中载："黄帝崩，葬桥山。"桥山总面积约5.7平方千米，生长柏树86000余株，多数树龄在千年以上，是我国最大的柏树群。黄帝陵位于桥山之巅，占约0.87平方千米。

黄帝陵古称桥陵。因为沮河水由西向东绕此山而过，站在山上朝下看，东边有河，西边也有河，就像水从桥下穿过，故此山名曰"桥山"。传说轩辕黄帝就是在这里乘龙升天的。升天时，人们从他身上拽下衣帽、靴子、宝剑等埋葬此处，修成陵墓，以示永久怀念。故此陵墓也被称为衣冠冢。

▼黄帝像

黄帝是中国远古时期的民族部落首领，是原始社会父系时期的代表性人物，以其文治武功统一了当时的各个氏族部落，成为中华民族最早的一位领袖人物。他开创了人类从野蛮走向文明的新篇章，开启了中华民族灿烂文化的先河，是中国远古时代华夏民族的共主，五帝之首。

黄帝为少典之子，居轩辕之丘，号轩辕氏，建都

◀黄帝陵古柏

于有熊，亦称有熊氏，因有土德之瑞，故号黄帝。他以统一中华民族的伟绩载入史册。黄帝具有很杰出的才智，他当时带领人们改变了单纯的游猎生活，教大家驯养家畜，建筑房屋，种植五谷，裁缝衣裳，制造棺椁、器皿等。他还重用了一批有才华的人，如命仓颉造文字，以代替结绳记事；命雍父制杵臼，以供舂米；命大挠做干支，以利农时；命伶伦发明乐器，制定音律；命共鼓、货狄做舟楫，以利河中航行；命挥、牟做弓矢，以提高射猎和攻伐能力。黄帝的妻子嫘祖教人养蚕，织绸制衣，后人尊称她为"先蚕娘娘"。从此天下大治、人民安乐，开始过上较为文明的生活。后人把黄帝当作我们中华民族的杰出代表，赞誉他"能成命百物"，尊奉他为"人文初祖"。史籍传说中将很多发明都归于黄帝一人身上，其实那些都是当时人们共同创造的文明结晶。

在桥山脚下有一座轩辕庙。轩辕庙面积

▲黄帝陵

约6700多平方米。院内有古柏14棵，其中黄帝手植柏高20余米，胸径11米，苍劲挺拔，冠盖蔽空，叶子四季不衰，层层密密。相传它为轩辕黄帝亲手所植，是世界上最古老的柏树。当地有民谚：七搂八揸半，圪里圪垯不上算。意谓七人合抱犹不围，充分反映轩辕庙的历史悠久。

轩辕庙位于桥山山腰，依山傍水修建，由轩辕庙和祭祀大殿两部分组成，为1993年以后新修缮的建筑，占地约8000平方米，整个建筑为全麻石结构，气势恢宏。

1942年，陕西省第三行政督察区专员公署考虑到黄帝声名远播、威名远扬的崇高地位，加之为了与陕西蒲城丰山唐睿宗之桥陵相区别，遂改桥陵为黄帝陵。此年冬天，国民党中央委员会委员长蒋介石题写“黄帝陵”三个大字，匠人勒石成碑，置于黄帝陵墓之前。自此以后，“黄帝陵”一名沿用至今。

通往陵区的石道边树有“下马石”，上书“文武官员至此下马”。南面立明代“桥山龙驭”石碑一通。陵区东侧碑廊珍藏历代帝王御制祭文碑57通，陵区西侧立有香港回归纪念碑和澳门回归纪念碑。

“人文初祖大殿”是供奉黄帝的正殿，“人

文初祖”匾额为爱国将领程潜所题。内有墨玉刻制的黄帝浮雕像，设有神龛，神龛四周饰以青龙、白虎、朱雀和玄武四灵。纪念亭内陈列有中国近现代领袖人物孙中山、蒋介石、毛泽东、邓小平的题词。

陵冢位于桥山山顶正中，坐北面南，高3.6米，周长48米，面积约200平方米。陵冢为土冢，扁球状，直径为16米。土冢下部筑方形墓台，以烘托陵墓的神圣感。方台与圆冢相结合，上圆下方，具有“天圆地方”、“天地相合”的象征意义。黄帝陵前立有一块石碑，上书“桥山龙驭”四字，意为黄帝驭龙升天之处。落款为“大明嘉靖丙申（嘉靖十五年，1536年）十月九日滇南唐琦书”。

汉武仙台位于陵前正南、陵园围墙以外。此台始建于汉元封元年（前110年），汉武帝勒兵十余万，北征朔方，凯旋后，为夸耀武功，祭告祖先，便于归途经黄帝陵时停兵祭祀。同时为使

▼黄帝陵

自己长寿成仙，令兵士于此起土筑台，后人因此称此台为祈仙台。这是一座高24米的夯筑高台，台旁立一石碑，上书“汉武仙台”四字，为明代嘉靖七年闰七月所立。

中华人民共和国成立后，政府加强了对黄帝陵的保护工作。陕西省政府于1992年4月4日（清明节）在黄帝陵举行了“陕西省各界公祭轩辕黄帝陵暨整修黄帝陵工程奠基仪式”，正式拉开整修黄帝陵工程的序幕。

整修黄帝陵工程的范围包容了黄帝陵所在的桥山及其周围山水、城镇，面积达3.24平方千米。一期工程1992年开工，1998年12月竣工。2001年二期工程建设开始，2004年完工。经过整修，黄帝陵的环境得到明显改善。现在走进黄帝陵，青山掩映，碧水泛波，古柏森森，香烟氤氲。宽阔的入口广场，古朴浓厚的轩辕桥，

▼黄帝陵轩辕庙

倒映青山的印池水，气势高拔的龙尾道，桥山之巅的龙驭阁，雄伟壮观的轩辕殿，能容纳5000余人举行祭祀活动的祭祀大院，已初步展现出黄帝陵宏大、庄严的气势。

为了表达对黄帝功绩的怀念与感戴，黄帝子孙早在春秋战国时代就开始祭祀了。后世诸代祭祀也日渐完善，无论是蒙古人当权的元朝，还是满族人执政的清朝，都沿袭了祭祀黄帝的传统，而且祭祀规模、祭祀次数、祭祀规格也空前繁荣。

中华人民共和国成立后，黄帝陵祭祀越来越受到海内外华夏儿女的关注，祭祀规模更大，仪式也更隆重。祭祀黄帝已成为传承中华文明、凝聚华夏儿女、共谋祖国统一、开创美好生活的一项重大活动。目前可分为官（公）祭、民祭两种形式。公祭活动在每年的清明节隆重举行。

正在寻找的西周天子陵

西周是在陕西立都的第一个王朝，但其王陵尚未被发现。据文献记载，王陵分布在丰京、镐京的附近(今西安沣河两岸)。一般认为西周13位王中的7位，即文、武、成、康、穆、共、幽王应葬在陕西，其中前6位葬在“毕原”。

按照“陵随都移”的规律，西周王朝发源并长期将都城放在丰镐，因此其王陵必然在丰镐附近，然而几十年的寻找仍无结果。

过去提起周朝开国君主周文王、武王陵，人们想到的就是咸阳市渭城区的周陵。翻开一些介绍帝王陵的书，也将周武王陵定位为周陵。实质上这是千古讹传。

▼周武王像

经过对文献和考古调查的梳理比对，周陵乡的周陵不是真正的周王陵，而是秦王陵。战国之前，君主埋葬时都是“不封不树”，其意就是墓地不封土堆，不种树木。而所谓的周陵有高大的坟丘，与当时的制度背道而驰，这在实行礼乐文明的周代是不可思议的。

其实，位于咸阳周陵乡的两座王陵是战国时期的王陵。其中一为秦惠文王的公陵，一为秦悼武王的永陵。公陵在永陵之南，两座封土相距约180米，均在周陵乡周陵中学北侧。公陵、永陵封土均为覆斗形。公陵高

小资料

不封不树

“不封不树”是人类历史上最初的墓葬表现形式之一。在远古到西周时期的很长一段时期内流行，即在墓上既没有封土、也不种树作为标志。坟丘墓的出现已到了春秋晚期，而其普及则是战国时代的事了。

11.8米，底边长78米，顶边长48米；永陵高12.3米，底边长71米，顶边长41米。仅就封土规模而言，公陵和永陵均可被视为大型陵墓。在唐代，对两陵的认识无误。唐人张守节《史记正义》引《括地志》曰：“秦惠文王陵在雍州咸阳县西北一十四里……秦悼武王陵在雍州咸阳县西北一十五里。……可惜后人不察，失之漠然，遂以‘文王’为‘周文王’，‘武王’为‘周武王’。”自宋代以来，公陵和永陵毫无怀疑地被认为是西周文王陵和武王陵。清乾隆年间，担任陕西巡抚而博学多闻的著名学者毕沅，在考察陕西古迹中亲笔书写周文王陵和周武王陵两碑，树于陵前，后人更确信此二陵为西周文王和武王陵无疑，这种错误的认识一直延续到20世纪70年代。

据《汉书·楚元王传附刘向传》记载：“文（周文王）、武（周武王）、周公葬于毕……皆无丘垄之处。”咸阳市考古研究所2001年通过钻探，探明了传说的周文王和周武王陵、周共王陵墓道的数量和形制。初步判断其为战国时期。考古工作者在周陵西边发现了一道南北向壕沟，实质上是所谓的周陵的西围沟。而这种围沟墓是春秋战国时期秦王陵的一个典型特征和流行做法。后来，咸阳市考古所和省考古研究院在周陵围沟内钻探出200多个小的陪葬墓，钻孔里还带出一个铜镦，即兵器柄套，是错银的，这种工艺流行于战国晚期。

▲西周车马坑

那么，真正的西周王陵在哪里呢？文献中对西周王陵最权威的说法是《史记》中的“文、武、周公葬于毕”，那么“毕”的位置究竟在哪里？多年来考古工作者对“毕”的位置有多种认识：第一，近丰镐说；第二，京兆长安说；第三，雍州万年说；第四，咸阳北原说；第五，岐周（周原说）等等。但是相信第一种观点的人较多。通过对西安市长安区博物馆收藏的吴虎鼎铭文的识读，增强了人们的信念。此鼎1997年发现于长安县（区）南2千米的徐家寨，在西安市修建黑河引水工程时被推土机推出，底有刻铭。吴虎鼎在除锈之后拓印铭文得著名学者李学勤先生识读，遂知器主吴虎的封地南界与“毕人”接壤，这是迄今所知“毕”地最为准确的位置了。而近年来长安区出土的多方唐代墓志也证明“毕”应在这一地区。

▼秦悼武王陵

既然《史记》明明记述“文、武、周公葬于毕”，而“毕”地在长安区无疑，那么，西周王陵作为有着相当规模的陵墓，为什么这么多年就毫无踪影呢？很显然，西周王陵的“不封不树”大大增加了考古探测寻找的难度。

秦公帝王陵

秦公帝王陵按照秦都城的迁徙，可以分为5个陵区，除了在甘肃礼县的秦公陵区外，还有陕西的平阳陵区、雍城陵区、栎阳陵区、咸阳陵区。平阳陵区是2013年才发现的一个陵区，已发现一个“中”字形大墓。咸阳陵区包括以前讹传的周陵、秦东陵和秦始皇陵。

1. 雍城陵区

雍城秦公陵区位于雍城南郊的三畤原上，东西绵亘15000多米，葬德公至出公等20多位国君。古代这里称“北园”，起初是秦国贵族们盘马引弓、纵情游猎的苑囿场所，后来北园成为秦国国君们百年之后理想的安息之地。这是目前所发现的春秋战国时期最完整的一个诸侯陵区。

目前已经发现22座“中”字形大墓，无疑是当时秦最高统治者的陵墓。从秦德公居雍城开始直到秦献公迁都至栎阳以前，秦的先公都埋葬在这里。迄今共发现了14座陵园，探出大墓43座，探明了10座陵园有规整的隍壕，3座陵园的隍壕已发现线索，还试掘了几座陵园的隍壕设施。

经钻探得知，每座秦公陵园由不同数目的大墓组成，大墓平面作“中”字、“甲”字、“凸”

小资料

雍　城

位于今陕西宝鸡凤翔县城以南，是中国东周时代的秦国国都。自秦德公至秦出公，秦国定都此地。雍城作为都城长达200余年，有20多位秦国国君在这里执政，为秦国定都时间最久的都城。

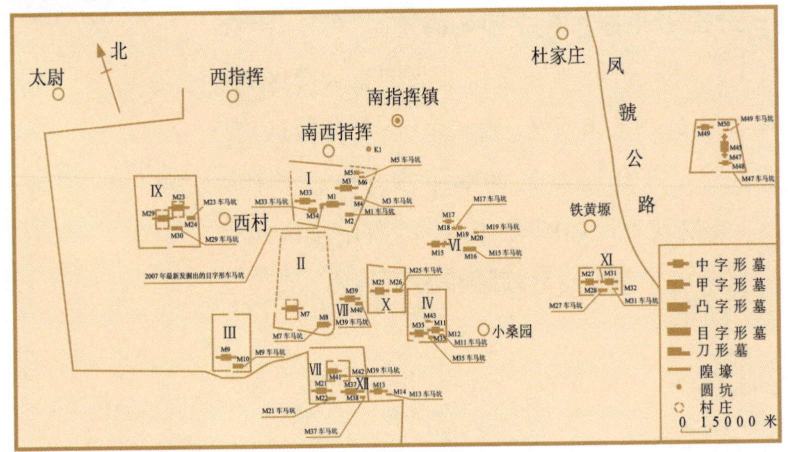

▲秦都雍城陵区示意图

字、“目”字、“刀”字及圆坑六种。“中”字形大墓是当时最高统治者的墓葬，其中最大的是秦公一号墓。“中”字形墓墓室均呈长方形，东西各有墓道一条，东道较西道长而坡度平缓。“中”字形大墓还有无耳室、单耳室及双耳室之分，耳室均开在东墓道，若仅有单耳室，则开在东墓道南壁。目前已经发掘的只有秦公一号大墓。

说起秦公一号大墓的发现，还有一段趣事呢。据史书记载，先秦墓葬“不封不树”，地面没有封土，也没有任何标志，而且距今已有2000多年历史，要找到它的确不是一件容易的事情。如果能找到秦公墓葬，意义非同寻常。1975年，陕西省考古研究所雍城考古队韩伟队长和凤翔县文化馆文物专干曹明檀同志开始了在凤翔寻找秦公大墓的工作。据《史记》载：“秦宁公葬西山大麓，故号秦陵山也。”据此，考古队员来到凤翔县城以西10千米的灵山上，可是经过一个冬天的寻找都没有发现任何大墓的线索。

1976年春天，凤翔县南指挥村农民靳思治有一天突然来到考古队报告说：在他们村东南，有一块土地特别硬，而且庄稼长势不好。有些考古队员开玩笑说，他小名叫“别信”，大家别信他的话。虽然开着玩笑，但责任和职业的敏感促使考古队员来到了南指挥村。

果然如“别信”所说，有一块地的庄稼长势明显不如别处，土壕的断壁上暴露出明显的五花夯土。经过钻探果然有了意外的发现——这里竟然是一座有两个斜坡墓道和一个长方形墓室的“中”字形大墓，墓室底部还钻出了青膏泥、木炭、椁木、朱砂等，这无疑是一处秦公大墓。由于这座墓是在雍城发现的第一座秦公大墓，所以称“秦公一号大墓”。

秦公一号大墓发现后，考古工作者经过多年钻探和调查，先后在南指挥村及其以东、以南、以西36平方千米的土地上，先后发现了14座秦公陵园，整个陵区周围发现了十几千米长的护陵壕沟，每座陵园内有1~3座“中”字形大墓，个别陵园内还有一端带斜坡墓道的“甲”字形墓葬。除14号陵园内的一座“中”字形大墓为南北方向、没有发现陪葬车马坑外，其余大墓都是东西方向，坐西面东，每座大墓的右前方都有陪葬车马坑。在已发现的49座大墓中，平面呈“丰”字形大墓1座，“中”字形的墓葬21

▲秦公一号大墓

座，“甲”字形的墓葬5座。

秦公一号大墓的考古发掘进行了10年的时间，取得了丰硕的成果，对于我们了解秦先公的墓葬建筑结构，起了十分重要的作用，也是研究当时社会的一把钥匙。

秦公一号大墓和其他秦公墓一样，坐西朝东，东西各有一条墓道与长方形墓室相连，平面呈“中”字形。两条墓道均呈斜坡状，但东墓道平缓，而西墓道却比较陡峭。加上东西墓道的长度，大墓全长300米，总面积达5334平方米。墓室东西长59米，南北宽39米，深24米。

这是目前全国已经发掘的先秦墓葬中最大的一座。整个墓葬的规模已远远超过已知各诸侯国国君的墓葬，比河南安阳侯家庄商王大墓还要大10倍，比湖南长沙马王堆一号汉墓大20倍。

另外，在墓室上部和东墓道相接处，有一排柱洞，还发现有建筑物倒塌的迹象，这可能就是享堂一类的建筑物。先秦的陵墓，一般墓上不积封土而建有享堂，以供奉其牌位。

秦公一号大墓中发现了大量的人殉，充分反映出春秋战国时期秦国盛行的殉葬制度。当

小资料

享堂墓

在冢墓出现之前，由于墓上无封无树，后人为了祭祀的方便，在墓葬之上修建一个简单的建筑，称为“享堂”。在雍城秦公陵区墓葬上就发现了这种建筑遗址。

考古工作者快要发掘到椁室时，在主椁室的四周发现了166具排列有序的人殉棺，棺盖上还有用朱砂书写的文字及编号。人殉中有男有女，他们都是在冥都中侍奉墓主人的臣妾，但是他们的身份和地位也有所不同。有的随葬生产工具，有的随葬颜料、铜镜、佩饰等，等级十分明显。

从殉葬的位置、葬具的优劣以及随葬品的情况来看，殉葬可以分成箱殉和匣殉两类。72具箱殉不仅紧紧地分布在曲尺形椁室的周围，而且他们的葬具也比较考究，是用枋木垒成的长方形木箱。由此看来，这些人可能是墓主人生前的近臣、妻妾和工匠。这种箱殉的形式目前还是第一次发现。而94具匣殉则分布在箱殉之外，靠近墓室四壁，其葬具的质量也不及箱殉，是用薄板做成的棺材。人殉的尸骨都蜷曲得特别厉害，这是秦人殉形式的一个显著特点，被称为“屈肢葬”。系先用绳子把人捆成蜷曲状，然后再装入棺木之中。另外，在大墓的填土中，还先后发现了20具有男有女的屈肢葬尸体，很可能就是用来祭祀的人牲。秦公一号大墓的殉人多达186个，实在令人惊讶。

人殉制度在秦国延续的时间很长。据《史记·秦本纪》记载，在公元前677年葬秦武公时，就大量以活人殉葬，“从死者六十六人”。穆公死后，“从死者百七十七人”，在从死的人当中，

还有子车氏三兄弟，即奄息、仲行、鍼虎，他们都是秦穆公的良臣，位居大夫，也逃脱不了殉葬的厄运。当时，秦国的百姓为子车氏三兄弟唱了一曲凄凉的《黄鸟》挽歌，意思是面临深深的墓穴，忍不住心头惴惴战栗！那茫茫苍天啊，为何要夺取国家的良臣？若能赎回他们的生命，我们愿以一百人来换他们。从殉人的数量来看，秦公一号大墓有过之而无不及。秦国直到献公时，才取消了这一残酷制度。

当秦公一号大墓发掘到18米多深的时候，椁室暴露在人们眼前。然而，20多个盗洞也直通椁室顶部，于是给人们心理蒙上了一层阴影。这对于付出了10个春秋之艰辛劳动的考古工作者来说，既兴奋又担忧。大墓椁室的平面呈曲尺形，分为主、副两部分，主、副椁室各有柏木棺具一套，主椁室位于墓室中部，副椁室在主椁室西南。主椁外观如同一座长方形木屋，是用截面边长为21厘米的枋木垒砌而成，每根枋木重300多千克。这些枋木虽在地下埋了2000多年，如今仍能使用，出土时就像新的一样。椁室四壁及椁底都是双层，椁盖则铺设三层枋木。主椁中部有一道南向的木隔墙，将其分为东、西两室。副椁的四壁和底、盖都是用单层枋木垒成，并有通向主椁室的小门。主椁南北两壁带有由伸出的柏木心榫组成的长方形框式结构，就是史书上所说的“黄肠题凑”。

黄是指柏木的颜色，肠是指柏木的木心，题是指用柏木心所做的榫头，凑是指柏木心榫头在椁的四周形成的长方形框式结构。

秦公一号大墓所发现的这具“黄肠题凑”葬具，是我国迄今为止考古发现时代最早、级别最高、保存完好的“黄肠题凑”。据史书记载，古时只有天子才能用柏木椁，并使用“题凑”。秦国国君作为诸侯却违背古代礼制，使用天子规格的葬具，说明当时周天子已逐渐失去了控制诸侯的能力，各国诸侯争相僭越天子之礼。过去认为“黄肠题凑”只有到汉代才有，而秦公一号大墓“黄肠题凑”的发现则改写了历史。

在墓室南北两侧，各有一个高1.72米、直径为0.4米的木柱，古代称之为碑，是为放棺材进入椁室而设置的。据《周礼》记载：诸侯丧仪“四綍二碑”。它是目前我国发现的最早“碑”

▼黄肠题凑

的实例。汉代有用石碑的，1964年从北京石景山区上庄村东头出土的“汉幽州书佐秦君墓双碑”是最早的石碑。后世有人在碑上刻写上墓主人的名字和祭文，逐渐演变成后来的墓志和墓碑。

人们把木碑当作辘轳，将绳子绕在木碑之间的横木上，大约有500人用肩拉着绳子慢慢走，敲鼓为号，很有节奏地把棺材放入椁室，然后加封椁顶。《礼记·礼器》中记载，天子用七天入椁，七个月埋葬；诸侯五天入椁，五个月埋葬。过去人们对此无法理解，秦公大墓的发掘则解开了这个谜。大墓的主体工程是在国君生前完成的，死后5天入椁，然后按顺序开始挖坑、构建椁室、制作殉人的葬具等。5个月时间要完成很多木材的加工制作工作，挖掘大量的土方，并填封墓室，其劳动量是相当大的。这样看来，诸侯用5个月埋葬的说法，就很容易理解。

秦公一号大墓在历史上经过200多次盗扰，但是仍出土了3500多件珍贵文物，有金泡、金兽饰、啄木鸟等金器；有玉璋、玉璜、玉靴底等玉器；还发现了30多块乐器石磬，有铭文200多字。另外，还有铜、铁、漆木器及纺织品等。玉器中的玉靴底，是周天子率军出征时，授予留守国土的诸侯的权力象征物。

大墓中还发现了一批铁器。铁器的发现，

小资料

四綍二碑

綍同“绋”，引棺的大绳索。在墓穴的四角或两旁，各立一根木柱，柱上有圆孔，名为“穿”。再在两柱的穿中架一根横木，木上缠以绳索，可用来放绳，如辘轳一样，将棺木牵引入墓穴。入葬完毕，木碑随之埋入地下，或置于墓旁。春秋时期，天子六綍四碑，诸侯四綍二碑，大夫二綍二碑。至周朝，天子开始用石碑，周末诸侯也开始用石碑。

说明秦国和南方的楚国一样，也是最早铸造铁器的地区，反映出秦国当时的科技水平是比较高的。尽管中国在商周时代已经使用铁器，但那是天然陨铁制作的，铜铁合制兵器如铁刃铜刃、铁矛铜戈之类，数量极少。《诗·秦风》中的“驷驖孔阜”的驖即铁，一直不被专家承认，现在被秦公一号大墓出土文物证实了。中国青铜时代向铁器时代的过渡，同时在春秋晚期秦楚两地开始，改写了历史。

秦公一号大墓的墓主人是谁呢？考古工作者根据一块石磬上篆刻的“天子匽喜，龚桓是嗣”的文字推测，一号大墓的墓主人可能是秦景公(前577~前537年)，景公在共(龚)公、桓公之后继国君之位。墓中出土的各种随葬物品也都具有春秋晚期的特征，与推断的墓主人及其所处的时代大致吻合。秦公一号大墓的发掘，为我们了解、认识和评价秦国历史及社会发展状况，提供了翔实而丰富的资料，它从政治、经济、文化等方面反映了秦国的兴盛，具有非常重要的价值。

▼秦公簋及其铭文。记述秦国祖先在华夏建都已经12代，威名大震，秦景公继承前辈的事业，要永保四方的土地。

在雍城陵区的“中”字形大墓旁，都有大型的车马坑陪葬。现已探明最大的车马坑长116米，宽25米，占地面积相当于7个

篮球场。陵区最大的车马坑可容纳208辆车,833匹马。21座车马坑共可容纳1100多辆车、4400多匹马,这简直是一座巨大的古代车马博物馆。

2. 秦东陵

小资料

石 磬

简称"磬",是一种打击乐器,常和青铜乐器配合使用。在远古母系氏族社会,人们以渔猎为生,劳动之后敲击着石头,装扮成各种野兽的形象跳舞娱乐。这种敲击的石头就逐渐演变为后来的打击乐器——磬。

秦东陵陵区坐落在西安市临潼区韩峪乡东部骊山西麓,南起洪庆沟,北至武家沟,总面积约24平方千米。

何以称为东陵呢?这是与位于甘肃礼县的秦公陵和位于关中西部的秦雍城的秦公诸陵相对应的,因此也可以把雍城的秦公陵园称为"西陵"。东陵的最早文献记载见于《汉书·萧何曹参传》:"召平者,故秦东陵侯。秦破,为布衣,贫,种瓜长安城东,瓜美,故世谓之'东陵瓜',从召平始也。"从而说明先有东陵,后有东陵侯,秦亡后,东陵侯开始在长安城以东种瓜,现西安东灞桥区与临潼区斜口乡交界处有邵平店村,即昔日召平种瓜处。秦东陵所在地就在邵平店之南。直到宋代的咸宁县,仍有"东陵乡"。

秦东陵所在地为秦时芷阳县所在地,故史书多记载"葬芷阳"。

秦东陵到底都葬有哪些秦王?从文献记载来看,芷阳是一个大的墓葬区,埋葬着秦悼武王以后到秦始皇之前的昭襄王、孝文王、庄襄王、宣太后等秦时著名的人物。

考古工作者已对秦东陵进行了详细的勘探，目前在此发现了4个陵园。

一号陵园依山坡而建，其范围南至小峪沟，北到武家坡村南无名沟，西界涧北村的小峪河，东达范家庄的人工壕沟，平面呈长方形，面积约82万平方米。发现了两个“亚”字形的大墓。这两个“亚”字形大墓，墓顶上有封土堆，现存高2~4米，表面呈鱼脊形制，大小基本相同，南北并列，相距40米。经钻探得知，其中的一座墓室略呈正方形，南北58米，东西57米，四个斜坡形墓道，东墓道和北墓道的右壁各有一耳室；另一座的墓室亦近方形，东西58米，南北56米，四个斜坡墓道，东墓道和北墓道右壁也各有一个耳室。在一号陵园还有两处陪葬墓区和四处地面夯土建筑台基，陵区南北侧各有一天然壕沟，东面有一人工壕沟，相互连接。

▼镇墓兽是我国古代墓葬中常见的一种随葬器物。它是为震慑鬼怪、保护死者灵魂不受侵扰而设置的一种明器。镇墓兽最早见于战国楚墓，流行于魏晋至隋唐时期，五代以后逐渐消失。

二号陵园位于一号陵园的东北方向1.5千米处，即韩峪乡范家村北、骊山西麓阪原之上。陵园东自北沟村，西到枣园村，南至三家村北无名沟，北达武家沟。东西长500米，南北宽300米，总面积15万平方米。有“中”字形大墓1座、“甲”字形大墓3座、陪葬坑1座、陪葬墓区2处和地面建筑遗址1处。“中”字形墓通长81米，墓室居东西墓道之中，东西长27.5米，南北宽

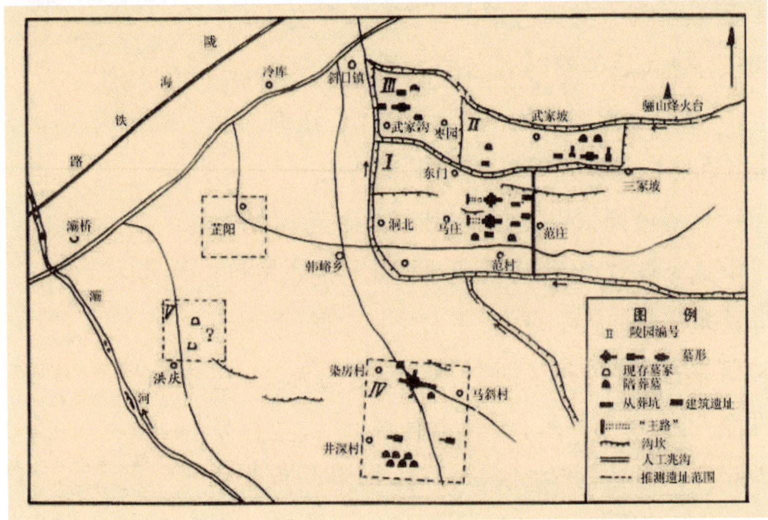

▲秦东陵分布示意图

23米。地面留有残冢，高10米，冢底周长120米。

三号陵园位于一号陵园西北约1.5千米，面积约10万平方米，为一“中”字形墓葬。

四号陵园位于马斜村，属骊山西麓的阪原地带，与一号陵园隔河遥相对应，约距2.5千米。陵区的规模，东起马斜村，西至染房村，南抵井深村，北到小峪河南岸，总面积80万平方米。陵园内有“亜”字形墓1座，“甲”字形陪葬墓2座，小型陪葬墓群1处。四周有隍壕，北面的为造陵时专门开挖的，东、西、南则利用天然壕沟。“亜”字形大墓地表无封土，东西长278米，南北宽181米，墓室近于正方形，东西56米，南北55米。东墓道长152. 5米，西墓道长68.5米，南墓道长78米，北墓道长54米。四条墓道均在其右侧边有一耳室。从该墓四个墓道都带有耳室这一点看，其时代可能略晚。

从墓葬的形制及钻探出土的文物来看，这几座墓确实是秦王的墓葬。不但规模大，而且每一个陵园都有保护陵园的壕沟，其壕沟既有利用天然地势的，也有人工开挖的。

▲秦式鼎。高19厘米，宽22厘米。秦人的铜礼器在春秋中期已初具特色，蟠虺(huǐ)纹就是秦人偏爱的一种纹样。

3. 长安秦大墓

前几年，考古工作者在西安市长安区西安财经学院新校区内发现了一个秦时大墓，考古人员认为是夏太后的墓葬。

夏太后名姬，是孝文王即始皇祖父妃子之一，也就是秦始皇的奶奶。秦庄襄王继位后，尊称孝文王后、也就是他的养母为华阳太后，自己的生母夏姬为夏太后。整座大墓的陵园占地约17万平方米，南北长550米，东西宽310米，由壕沟、城墙围绕“亚”字形大墓，组成独立陵园。墓圹位于陵园中心，整个陵园布局完整。规模宏大，保存较好，是迄今为止发掘过的规模最大的战国秦陵园遗址。

带有四条墓道的“亚”字形大墓墓圹东西总长约140米，南北宽约110米。这个大墓是迄今发掘的“中国第二大墓”，仅次于之前发掘的秦公一号大墓。如果按照墓葬的墓道条数看

小资料

夏太后

根据《史记》的记载，夏太后本来是秦昭王太子安国君的夫人。但在众多夫人当中，安国君最宠爱的是华阳夫人，夏太后虽然为安国君生了一个儿子，也没有逃脱被冷遇的命运。秦庄襄王即位后，她被封为太后，其地位发生了重大变化。

▲长安区“亚”字形秦大墓

规模大小，它在具有四条墓道的墓葬中规模是最大的。

考古人员在陵园内发现了13座陪葬坑。其中，编号为8的陪葬坑东西向长30米、宽4.1米、深4米，其内摆放着陪葬的车马、立柱、棚木上有油漆彩绘装饰，坑内有火烧痕迹。该陪葬坑是车马坑，目前清理出安车1辆，挽马6匹，应属所谓“天子驾六”的规格，古代只有天子级人物才能使用6匹马拉的车，即“天子驾六”。车舆通长1.75米，后舆宽1.55米，车辕长约1.95米。马身长约1.8米、身高约1.7米。专家初步鉴定，这些马年龄约4~5岁，是中原马种。在10号陪葬坑内，也出现了“驾六”马车等60余件器物、十多件青铜车马具以及一驾破坏严重的车马。8号陪葬坑内可能共陪葬有6套车马。这是目前中国第四次发现“天子驾六”，除此之外，在洛阳东周王陵和湖北九连墩战国古墓群内曾发现过“天子驾六”。如此高规格的礼遇，墓主身份应是天子级别。

车马坑内还出土有青铜、错金、骨质等车马饰数10件。马具有错金银铜转珠、鎏金铜泡、银带扣、银和青铜马镳、银饰片、银络饰、青铜马镝等。专家推测，如此小小的配件都是由金银打造，可见墓主人身份之高贵，陪葬品之奢华。

由于墓葬级别高，所以尽管历史上遭到大规模的盗掘，大墓及其陪葬坑还是出土各类文物达300多件，包括金器、银器、青铜器、铁器、玉器、陶器、珍珠、玻璃料器以及麻织品等类，其中以玉器、金银器数量居多。盗墓贼觉得没价值而丢下的东西，很多都称得上是国宝级的文物。如其中的一件青铜凤鸟，虽然仅有4厘米高，但做工精致、栩栩如生。而在盗洞中发现的全国首个漆木椟的错金银铜座及铺首堪称国宝，这个40厘米长的漆盒上缀满了花纹，底座由一个个错金的小齿状尖支撑着，工艺精彩绝伦。难能可贵的是，不少文物上面发现了刻字，这给判定墓主身份带来了宝贵的线索。如一件石磬刻有“北宫乐府”；一件古人用于洗手的青铜匜底部也有尚无法辨认的10余个刻字。

小资料

天子驾六

是我国古代乘舆制度的最高规格。自汉以来，一直有天子是乘六驾还是乘四驾的争论。目前在河南、陕西、湖北等地都有六马驾车的发现。

4. 秦始皇陵

秦始皇陵位于秦东陵以东的骊山北麓，为一墓独尊。南依美丽的骊山，层峦叠嶂，山林葱郁。北临渭水，逶迤曲转，银蛇横卧。高大的墓冢在巍巍峰峦环抱之中与骊山浑然一体，景色十分优美。

小资料

质子外交

中国古代重要的外交策略。古代国君将自己的子女、妻子等亲近家属送到别国，主要是敌对国家（一般多见于小国表示对大国的臣服），在战略上形成外交妥协。从此外交上处处受制于敌国。春秋以后特别是诸侯争霸的战国时代，“质子”事件成为一种十分普遍的现象。

墓主人秦始皇生于公元前259年1月，因出生在赵国，故名赵政。又因其祖先在伯翳时被赐姓嬴，所以又称作嬴政。关于秦始皇的出生至今还是一个谜。有一种观点认为秦始皇是一个私生子，他并不是父亲秦庄襄王的亲生儿子，大臣吕不韦才是秦始皇的生父。之所以会出现争议，是因为秦始皇的父亲是一个为质于赵国的落难王孙。秦庄襄王原名异人，是秦昭王的孙子，后来的孝文王的儿子。异人有兄弟20多个，他自己又不是长子，由于亲生母亲夏姬失宠，所以被秦王送至赵国作人质。这是战国时期各国互相制约的一种办法。但这些人的命运难卜，随时有“身为粪土”之可能。异人也不例外，况且当时的秦赵两国都是大国，互不服气，随时有发生战争的危险，因此异人的生命危在旦夕。恰在这时，具有政治头脑的大商人吕不韦遇见了异人，吕不韦深知异人的境遇及秦国国内统治集团的内情，认为“此奇货可居”，便与异人结好，费千金把他送回秦国，通过各种办法使安国君和华阳夫人把异人作为嫡嗣。为了讨得华阳夫人这个楚国人的欢心，遂改异人名为子楚。

公元前251年，秦昭王去世，安国君继承王位即孝文王。而当时的孝文王已53岁了，他先服丧一年，然后正式即位，即位后第三天便离开了人世。异人便成为秦国君主，即秦庄襄王，而吕不韦因为有功，遂被封为秦国丞相，从一个大商人变成一个政治家。

公元前247年，当政3年的秦庄襄王驾崩，吕不韦拥立年仅13岁的嬴政作了君王。年轻的秦王称吕不韦为“仲父”，让他执掌国政。到公元前238年，秦王政已22岁，举行冠礼。就在这9年君王见习期间，秦王政渐渐成熟起来，对朝中政事耳濡目染，有所了解，更对其母亲与吕不韦、嫪毐的私通了如指掌。由于宫闱事发，嫪毐在秦王政举行加冕礼时，发动叛乱，先发制人，秦王政果断派兵平息了这场叛乱。嫪毐兵败，被夷其三族。参与叛乱的主要头目卫尉竭、内史肆、左弋竭、中大夫令齐等20余人被枭首，与叛乱有牵连的被削职夺爵者达4000家。

嫪毐是由吕不韦推荐从政的，按照秦律，任人而不善者受罚，吕不韦因此也被牵连，遂被革除相职，并流放偏远地区，最后置于死地。

秦王政亲政后，加速了统一全国的过程，广纳贤士，为己所用。在此期间，他任用了尉

▲秦代为统一全国量制而由官府颁发的标准量器

缭、姚贾、李斯、白起、蒙恬、范雎、王翦等著名的政治家，军事家，外交家。这些人为秦王政出谋划策，能征善战，在国家统一过程中发挥了十分重要的作用。从公元前230年到公元前221年，秦军前后用了10年时间，南征北战，先后灭掉韩、魏、楚、燕、赵、齐六雄，统一了中国，结束了春秋战国以来长期诸侯割据、战乱频仍的局面；建立了中国历史上第一个统一的、多民族的、中央集权制帝国，为社会的生产和发展创造了一个安静的局面。

秦王政统一全国后，认为自己“德兼三皇，功过五帝”，自称为“皇帝”，中国历史上出现了第一个皇帝。与此同时，他实行中央集权统治，皇帝权力至高无上，在中央实行三公九卿制；在地方废除分封制，实行郡县制。三公九卿和郡守、县长都由皇帝亲自任命，直接向皇帝负责。这样从上而下建立了一套完整的、金字塔式的古代官僚体制。

为巩固统一的成果，秦始皇在全国实行了统一货币、统一度量衡、统一文字等改革，并进行了修驰道、直道、长城等工程。秦始皇实行的以上各种政策和措施，不仅影响到以后的两千多年古代社会，即“百代皆行秦政事”，而且有的措施迄今仍在发挥作用，如统一的文字、度量衡等。这些统一的措施和制度，对当时社会的发展、历史的进步，无疑具有重大的意义，

小资料

秦统一中国的原因

秦能统一中国，应从主观和客观两方面来探索。主观上，秦国通过改革，经济发展，国富兵强，秦王政雄才大略，采用灵活的战略方针，具有完成统一的实力；客观上，结束长期的诸侯割据局面，完成封建国家的统一，是春秋战国以来历史发展的必然趋势。

◀陕北榆林靖边的秦长城遗址

是对旧制度的修正，它不仅改变了割据状态的政治和文化，而且促进了古代经济的发展。

秦统一天下后，秦始皇为巩固统一成果实行了不少有益的措施，但同时也做了许多残暴的事情，这是大家有目共睹的。他13岁时刚一即位便开始为自己修建陵墓，统一后加紧了修筑的过程。为了自己奢侈豪华的生活，他在全国修建了众多的离宫别馆，包括“规恢三百里”的阿房宫及绵亘数百里的上林苑，形成“关内三百、关外四百余”的规模。在北方为抵御匈奴的南侵，把原来秦、赵、燕三国北方的长城加以修葺，连接起来，形成了举世闻名的万里长城。据史书记载：当时修建秦始皇陵的劳动者最多时达70万人。秦当时全国约有两千多万人口，而参加各种劳役者达二百多万人，占全国人口的十分之一。使大量劳动力从事这些奢侈性建筑，而脱离了农业生产，严重制约和影响了社会经济的发展。秦统一全国后，由于连年的战争和长期的混乱给社会生产力

造成了严重的破坏，理应与民休息，恢复生产。但秦始皇却反其道而行之，把当时全国有限的财力、人力、物力用在了大兴土木上——这等于是雪上加霜，使已经萧条的经济再度衰败。

更为可悲的是，秦始皇非常迷信，相信方士们提出的"长生不老"邪说。他后来率领百官群臣到泰山封禅，五次大规模的出巡，前呼后拥，浩浩荡荡，劳民伤财。虽有巡幸全国以达威慑之目的，但到东海寻求长生不死药则是不争的事实。为了求得长生药，他在东海边一住就是数月，但这些都是徒劳的。长生药未曾求到，反而因多次出巡，长途颠簸，劳累过度，而加速了秦始皇死亡的进程。在第五次出巡的路上他就离开了人世，结束了只有50年的生命。

秦始皇陵是中国历史上第一座帝王陵园，是我国劳动人民勤奋和聪明才智的结晶，是一座历史文化宝库，在所有古代帝王陵墓中以规模宏大、埋藏丰富而著称于世。

秦始皇陵园占地面积约60平方千米。封土的高度，据记载为"陵高五十丈"，相当于现在的115米高，而实际上现存高度约为70米。秦始皇陵的修建，前后历时近40年之久，比著名的埃及胡夫金字塔的修造时间还长8年，动用修陵人数最多时达70万，几乎相当于修建胡夫金字塔人数的8倍。

秦王朝是中国历史上辉煌的一页，秦始皇陵更集中了秦代文明的最高成就。秦始皇把他生前的荣华富贵全部带入地下。秦始皇陵地下宫殿是陵墓建筑的核心部分，位于封土堆之下。考古发现地宫面积约18万平方米，中心点的深度约30米。陵园以封土堆为中心，四周陪葬分布众多，内涵丰富、规模空前，数十年来秦陵考古工作中出土的文物多达10万件。随着考古工作的不断进展，肯定还会有更大的意想不到的发现。

▼秦始皇陵遗址分布示意图

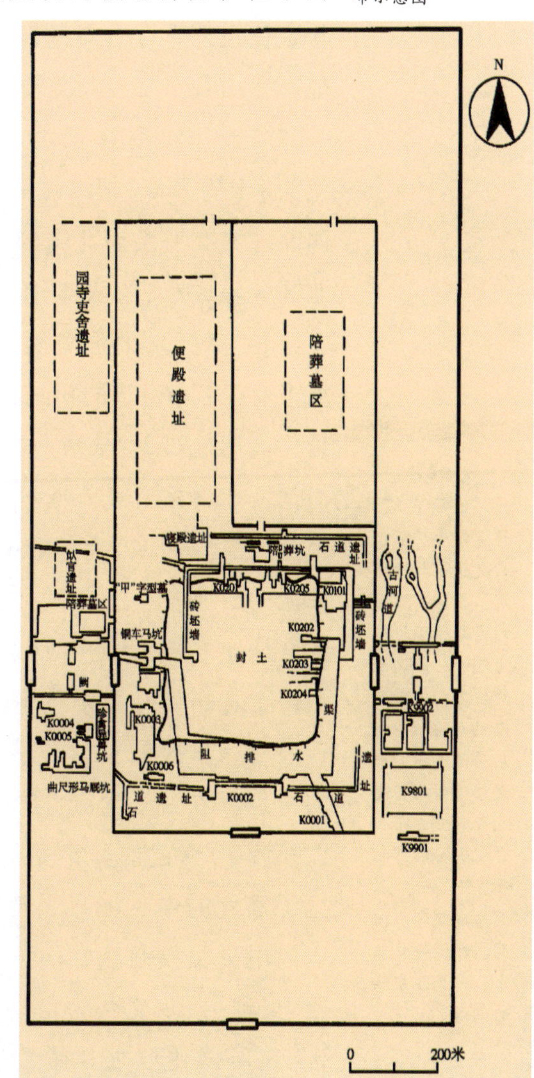

秦始皇陵共发现10座城门，南北城门与内垣南门在同一中轴线上。坟丘的北边是陵园的中心部分，东西北三面有墓道通向墓

室，东西两侧还并列着4座建筑遗存，有专家认为是寝殿建筑的一部分。秦始皇陵集中体现了"事死如事生"的礼制，规模宏大，气势雄伟。

秦始皇陵墓的周围有内外两重夯土城垣，除南边的内外城垣仍有局部残段存留地表外，其余仅在地下存有墙基。经探测，内外城垣均呈南北向长方形。内城长1355米，宽580米，周长3870米。内城的中部由东向西有条长330米、宽约8米的隔墙，把内城分为南、北两区。内城的北区又有一条南北向的宽约8米的夹墙，把北区分隔成东、西两部分。内城垣的南、东、西三面各有一门，北面有两门，中部东西向的隔墙上有一门，南边的门址保存较好，门阙的基址仍高出地表2至3米，秦始皇陵墓位于内城的南区。秦始皇陵外城垣，经实测南北长2165米，东西宽940米，周长6210米。墙基宽约8米，外城的四面各有一门，门址上堆积着大量瓦砾及红烧土、灰烬，证明原来有门阙建筑。内城垣四个转角处有角楼建筑遗址。

秦始皇陵园实质是秦始皇生前秦咸阳宫的再现。在统一之前，是按照设计图（即"凿以章程"）修建的。秦始皇统一全国后，既建立了高度的中央集权，创立了一套与之相适应的中央集权制度，又可以占有全国的人力、物力、财力；加之认为自己"德兼三皇，功过五帝"，所以便要求其陵墓能显示出自己的威

小资料

秦始皇陵寝殿

所谓寝殿，就是供奉、祭祀亡灵的礼制性建筑。秦始皇陵园的寝殿位于陵墓北侧53米偏西的地方。从探测出的台基可知，它坐西面东，平面接近方形，南北长62米，东西进深57米，总面积3 534平方米。主体建筑环以回廊，外侧绕以散水，门开在东墙的南端。

严，把死后的亡灵世界装扮得和生前一样。因此已超越了原来的设计思想，规模比以前设计的要大得多，充分显示出秦帝国的风采。正如马克思在《摩尔根〈古代社会〉一书摘要》一书中讲的“生前认为最宝贵的物品，都与已死的占有者一起殉葬到坟墓中去。以便他在幽冥中能继续使用”。《吕氏春秋·节丧》记载：“国弥大，家弥富，葬弥厚。含珠鳞施，夫玩好货宝，钟鼎壶滥，舆马衣被戈剑，不可胜其数，诸养生之具，无不从者。题凑之室，棺椁数袭，积石积炭，以环其外。”《吕氏春秋·安死》也指出当时的陵墓：“设阙庭，为宫室，造宾阼也若都邑。”

陵墓上还有宏伟的地上建筑。

据钻探考察，秦始皇陵园有两重城垣，呈“回”字形。除南边的内外城垣仍有局部残段存留地表外，其余在地下尚存有墙基。城垣的四周还有角楼，高大的城垣象征着秦始皇生前秦都咸阳的宫垣。

秦始皇陵封土堆是古代帝王陵中最为高大的。据史书记载，其高度为50丈。《汉书·楚元王传》记载：“上崇山坟，其高五十余丈，周回五里余。”汉时一丈折合今天2.3米，那么秦始皇陵原高应为115米余。原封土堆的底部近似方形，南北长515米，东

▼秦始皇陪葬坑中的兵马俑分步兵俑、骑兵俑和车兵三个主要兵种。每个兵种又有士兵、军吏和将军的区别，但都不是千篇一律，几乎每一件陶俑都有其典型的特征。

西宽485米。经过2000多年的风雨剥蚀和人为破坏，现存封土堆较原封土堆已大大缩小。封土呈覆斗形，中腰部有一缓坡状阶梯，顶部为一平台。

封土堆的现存高度约70米。这些土是从什么地方运来的，据传说是经过烧炒后从咸阳运来的。经对封土堆土质分析，封土堆的土不是经过烧炒的，否则不会有西汉时的“树草木以像山”，也不会有今天封土上郁郁葱葱的石榴树林，因此封土不是从咸阳运来的，而是从秦始皇陵东北的鱼池遗址运来的。据《水经·渭水注》记载：“始皇造陵取土，其地汙深，水积成池，谓之鱼池。”秦始皇认为自己功盖天下，遂把封土修得非常高大，以至于后世无匹敌者，就连汉武帝茂陵虽修建时间比秦始皇陵长，但仍没有秦始皇陵高大，其高度只有40多米。

小资料

秦始皇陵五岭遗址

为了保证秦始皇陵不被洪水冲毁，在其陵园西南侧修筑了一条东西向的大坝，坝长1000余米，一般宽40多米，最宽处达70米，残高2至8米，它就是人们通常所说的五岭遗址。正是这条大坝将原来出自骊山东北的鱼池水改为西北流，绕秦始皇陵东北而过。

地面之上建筑还有寝殿、便殿和飤官遗址等。实质上这些都是仿照秦始皇以前咸阳宫的形制，为死后的秦始皇修建的供其灵魂起居、休息和饮食之处，也是为后人提供的祭祀场所。

秦始皇生前修建了众多的离宫别馆，有“关内三百，关外四百余”之称。秦始皇来世的建筑当然也不逊于生前。从发现的建筑材料便可窥见一斑。如在便殿遗址发现的瓦当直径达61厘米，不但形体大，而且花纹美，足以反映出秦陵建筑的豪华。

秦陵还有两件国之瑰宝——铜车马。

铜车马陪葬坑位于陵的封土与陵园内城西垣之间，其出土的铜车马是目前我国发现的时代最早、结构最完整的车马系驾结构。

▲秦始皇陵出土的大瓦当

两辆铜车马被称为“青铜之冠”。一号车重1061千克，二号车重1241千克。它们是目前世界上发现的最重的青铜器。两乘车的零部件近7000件之多，极为细致复杂。以二号车为例，其大小零件3462个，其中包括金质装饰737件，银质装饰983件，最大的零件是那个龟背形的车盖，它长达246厘米，面积约2.5平方米，最小的零件不足0.5平方厘米。从重量上来讲，最重的铸件为马，达230千克，最轻者为辔缰的销钉，重量尚不足克。一、二号车虽然车制不完全相同，但在车的零部件结构、系驾关系等方面基本是相同的。

古代帝王车驾专用，自有一套銮驾制度，这一制度自从阶级社会开始即已出现。考古发掘中就发现不少级别不同的车舆，反映出古代乘车中有等级森严的制度。秦始皇在车制上进行了较大的改革，并形成一套制度，他一生五次出巡，车队浩浩荡荡，好不威风。众多的车乘，有前导，有后卫，有护从，有伴驾，各按一定的礼仪紧紧相随。难怪项羽在看到秦始皇车队路过浙江时，遂产生了“取而代之”的想法；刘邦在看到秦始皇威武壮观的出巡场面后，也不由自主地发出“大丈夫当如此也”的感叹，并激励自己夺得政权，建立西汉王朝。

秦始皇帝乘坐的为金根车，装饰豪华，前驾6匹马。《史记·秦始皇本纪》中有“乘六马”的记载，《后汉书·舆服志》中也有“天子所御驾六，余皆驾四”的记载，充分说明当时秦始皇所乘之车一定驾有六马。之所以把秦始皇所乘之车称作金根车，是因为根是栽养万物的，只有皇帝才配得上乘这种车，加之用金装饰，

▼国之瑰宝——铜车马

显得很豪华，这个我们也可以从秦陵铜车马这种属车的豪华看得出来。

▲秦陵一号铜车马

铜车马上使用了众多的金银装饰件，铜马的络头、缰、项圈、靼等大部分都由金银制成。两乘铜车马的金银饰件加在一起达3500件，约占两乘铜车马零件总数的50%，充分反映出这两乘铜车马的高雅华贵和豪华奢侈，也反映出古代乘舆等级制度的一般情况。

“卤薄”制度创始于秦，即出行时有大驾、法驾之说，大驾八十一乘车，法驾半之，不但出行时有属车，而且有护驾车。秦始皇出巡时，既有丞相随同，也有列侯、伦侯等陪侍，车辆众多，正因为如此，才出现了秦始皇第三次出巡时张良误中副车的故事。张良是韩国的公子，其祖父、父亲为韩国五世君主之相，当秦灭韩时，张良还年少，但他怀着对秦始皇的仇恨，“弟死不葬”，倾其全部家产，“求客刺秦王”。于是他雇用了一个大力士，铸造了一个60千克重的大铁锤。当秦始皇出巡的车队浩浩荡荡经过阳武县博浪沙(今河南中牟)时，他们早已

埋伏在此。遗憾的是，他们将副车误认为是秦始皇的属车，最终计划失败。

铜车马的近7000个零部件是怎样连接起来的呢？大体可分为两大类，即可拆卸机械连接和不可拆卸冶金连接。在可拆卸连接中采用了键连接、铰链连接、锥度紧配合、弯钉连接、销钉连接等办法。不可拆卸连接方法有铸焊、钎焊、红套、镶嵌等。还有纽环连接法、销钉连接法等。通过以上这些金属连接方法，把近7000个零部件组成两乘铜车马，实在是奇妙。这使科学技术已相当发达的现代人看后，也不禁跷起大拇指，盛赞2000多年前连接工艺的高超。兵马俑的雕塑艺术威震海内外，被称作“世界第八大奇迹”，铜车马的雕塑艺术，又把人们对秦代雕塑艺术的认识提高了一步，可称为“奇迹中的奇迹”。

铜车马的雕塑工艺难于兵马俑，高于兵马俑。因为铜车马的创作人员，包括造型、浇铸、加工、施彩各道工序的作者，都是当时秦帝国内的高级工匠，非一般雕塑者所为。铜车马的雕塑惟妙惟肖，栩栩如生，是我国古代难得的青铜雕塑艺术珍品，其造型准确、逼真，充分显示出了秦始皇当年出巡时的豪华壮观的场面。其精湛的雕塑和兵马俑一样，也是写实的，反映的是当时的宫廷车马制度。

今天展现在我们面前的两乘铜车马富丽

▲秦始皇陵出土的铜车马

堂皇，其雕塑艺术堪称一绝。正像前联邦德国总统卡尔·卡斯滕斯讲的："这是奇迹，世界上独一无二的奇迹。"从两个御手俑的造型来看，他们双臂前伸，紧握辔绳，头向前倾，一副全神贯注的模样。他们身体匀称，面庞丰腴，面带微笑，似志得意满，看上去非常逼真。一号车御手严肃中透出一丝轻松，二号车御手则面带几分恭谨和微笑。他们头发的发丝、眉毛、睫毛到浮雕式的两撇八字胡须都毫无刀砍斧凿之痕迹，如同天生一般。两袖及腰间因束带而产生的褶皱都用曲线来处理，将所有服装质地柔弱的效果恰如其分地表现了出来。就连御手俑的关节和指甲都被精心处理。身体的各个部位都雕得活灵活现，达到了神韵生动的艺术效果，使冰冷冷的青铜焕发出勃勃生机。对

于御手俑的心理刻画，作者确实费了心机。通过细腻、精湛的刀工等技术巧妙刻画出御手俑的双重心理:这些御手本身地位较高,有一定的官阶,他们为皇帝或高级官员驾车,扬扬自得;而他和坐车者又处于不同的级别，是车主子的奴仆，稍有懈怠或者出现差错又和杀头联系在一起,这对御手俑是有很大压力的。因此,在面容上表现出奴仆特有的恭谨、得意紧张等那种矛盾心理和复杂表情。

八匹铜马的塑造给人一种静中欲动的感觉。形体比例匀称,马的各个部位都十分精确恰当,马的两耳前倾,昂首嘶鸣,双目圆睁,鼻翼微张,六颗牙齿整齐排列,反映出这八匹马正处于精力充沛的青壮年时期。秦人是以善于养马著名的,因此作为宫廷用马必然是高标准的。八匹马均为剪鬃缚尾，塑造逼真传神，显得精神抖擞。身上的肌肉块块隆起,胸肌突出,显得膘肥体壮。八匹铜马神态各异,四匹服马举颈昂首,目视前方;四匹骖马略视两侧。之所以如此,是因为服马比骖马老实,且脖颈在衡轭之下,不便于左盼右顾,而骖马由于有防止内靠的胁驱,若向内倾则被刺痛,因此其脖颈都习惯性地外倾,这充分反映出雕塑艺术源于生活。

铜车马的发现可以说是继兵马俑之后的又一重大考古发现,是奇迹中的奇迹。无论是

▲铜车马御手

▲铜车马金当卢

▲铜车马局部

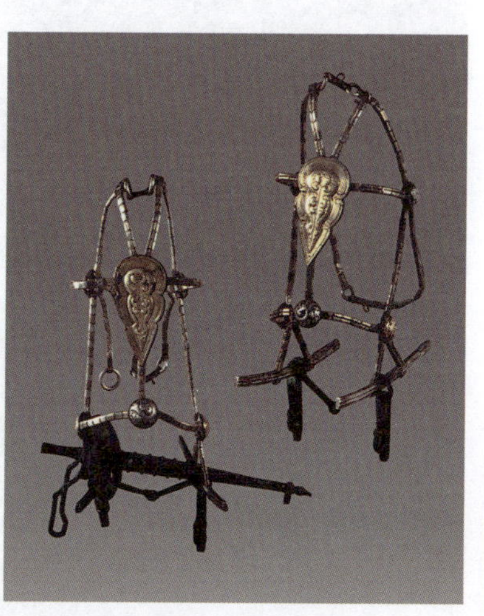
▲铜车马马笼头

铸造技术还是雕塑艺术，应该说它都高于兵马俑。凡看过铜车马的人，无不为秦时的科学技术水平所折服，有些技术现代人也不得其解。甚至有人认为是天外来客制作的，实质上这正是秦帝国实力的再现，是秦统一后社会生产力发展的反映。

此外，陵中的百戏俑坑则是宫廷杂耍的真实写照。

在秦始皇陵封土东南，考古工作者发现一个百戏俑陪葬坑。所谓百戏，类似今天的杂技表演。在古代无论皇宫还是民间均有，但是皇宫中的百戏更多，也更精彩。文献中有大量这样的记载，但大体量的百戏俑还是第一次发现。

所有陶俑只穿着陶塑彩绘短裙，其他部位裸露，裙上绘有各种纹饰，其中以菱格纹为主，另有星象纹、谷芽纹、"S"纹等，由于被火烧等原因，彩绘大部分脱落。

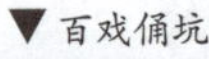
▼百戏俑坑

这些俑姿态各异，栩栩如生，有的呈双手卷衣状；有的一手插腰一手高举，双腿前弓后箭步状；有的呈半跪状等。

其中的一个俑形

体高大健壮，姿态威武，胸部和双臂肌肉暴突，腹部大而微鼓，肚脐外露，裙带系于脐下。右臂向上高举，左臂贴身，左手大拇指插入腰带内侧，左腿前躬，右腿斜蹬，展现出一副彪悍猛士的雄姿和风采。

还有一个俑在所有陶俑中形体最为高大魁伟，双手置于腹前，双臂刚劲有力，胸肌发达，腹部和臀部明显向外突出，肚脐外露，短裙系于脐下，双腿显得特别粗壮有力，裸露的双脚肥大宽厚；特别是其左臂与左肋处有一圆柱形物的痕迹，可能是长木柱一类东西的遗迹，他似乎是一个大力士。

▲百戏俑

▼大力士百戏俑

百戏俑坑的发现和发掘所取得的成果是令人欣喜的，丰富了陵园内陪葬坑的种类和形制，为研究秦始皇陵园的陪葬制度提供了新的资料。所发现的姿态各异的半裸俑，神灵活现，生动活泼，反映的是秦代宫廷“百戏”场面，对研究秦王朝丰富的宫廷杂技娱乐文化提供了第一手资料。

坑内还发现有角抵俑。角抵的起源一直可以追溯到上古时代。据《述异记》记载，上古时的蚩尤头上长着角，耳鬓旁长着剑戟。他们在与黄帝打仗时，就以头上之角抵人，敌方对此很难防御。这种所谓的“以角抵人”，其实便是一种类似现在摔跤、拳斗的角力活动。它们主要是一种力量型的较量，通过非常简单的身体相搏来分出胜负输赢。

到了秦汉时期，角抵活动非常盛行，但是当时的角抵已经不再是一种争斗相搏的手段，而变成为一种带有一定表演成分的游戏杂耍活动。

秦陵发掘出的石铠甲坑被称为地下秦武库。

石铠甲坑位于陵园外城东南部，始皇陵现封土东南约200米处。平面形状呈长方形，在坑南北两侧边缘的东西端各有一条平面呈梯形的斜坡门道；坑主体部分东西长129米，南北宽105米，该坑总面积达13689平方米，是秦始皇陵城垣内目前所发现的面积最大的陪葬坑。坑内全为红烧土。

▼石铠甲坑局部

目前试掘面积为145平方米。发掘揭示该坑为一座坑道式土木结构建筑，并在坑内过洞底部发现用铜丝编缀的石铠甲和石兜鍪

(móu),共约120件,其中甲约90领,胄约36顶;石马缰3组,一件青铜臿(chā)以及一些青铜镞和一段陶俑手指等。此外,还发现夯土隔墙,隔墙间形成的过洞和回廊,隔墙顶部的棚木遗迹,席纹痕迹,立柱、栿木、铺底木和坑底夯土层等建筑遗迹。

▼秦始皇陵出土的石铠甲

夯土隔墙和过洞大多数为东西向,只在坑边缘外1号探方内发现一道由坑西边夯土二层台和南北向隔墙间形成的南北向过洞,可能是整个陪葬坑的一道回廊。底部全部用方形长木条铺设,木条或与过洞方向平行,或与过洞方向垂直,所有木条均被烧成木炭和灰烬,炭灰残厚3~15厘米。过洞内贴隔墙两侧底部现还有地栿木和立柱炭迹。铺地木层以下为三层夯打的坑底夯层,总厚度约15厘米。从这些迹象可推测,石铠甲坑的建筑与布局和兵马俑一号坑的建筑属同一类型,后经大火焚烧坍塌。从地层堆积观察其烧毁时间应在坑修好之后不久,即秦末汉初之际。

此次试掘的最大收获是发现了一大批用铜丝连缀的石甲胄。主要集中分布于陪葬坑西南部的三个探方内,放置于过洞底部铺地木之上。这批甲胄均由青灰色石片组成,甲片质

地为青灰色质地细密的石灰石，呈层理状。甲片主要有长方形、正方形、舌形、等腰梯形、直角梯形、圆形几种；另外还有其他形制、属于特殊部位的异形片。甲片上钻有一些圆形或方形的小孔，用扁铜条连缀在一起。甲片未被叠压的边上有一道袜棱，起美化作用；被叠压的角有磨角，以便连缀和甲胄伸缩。

▲秦始皇陵出土的石胄

从发掘得到的迹象可以看出，该陪葬坑是一个武库遗址。

下面说说秦始皇陵地宫之谜。

秦始皇陵自兵马俑、铜车马等陪葬坑和陪葬墓发现以来，人们在为这伟大的历史奇迹惊叹之时，自然会把视线投向这伟大奇迹的主体——秦始皇陵地下宫殿。这将是一个更加神秘莫测、令人心驰神往的伟大奇迹。

秦始皇陵地宫是一座充满了神奇色彩的地下王国。千百年来引发了多少文人墨客的猜测与遐想。地宫是什么样的结构？地宫内埋藏了多少奇器珍宝？地宫内有没有防盗机关？地宫究竟挖了多深？始皇帝采用的是铜棺、石棺，还是木棺木椁？始皇帝的尸骨是否完好无损？

等等，一系列的悬念无不引起人们的遐想。在秦始皇陵巨大的封土堆之下就是其地下宫殿，这是2000多年来大多数人的认识。历史上由于盗墓严重，因此假墓、衣冠冢也有不少。比如曹操有墓72座。元朝皇帝的陵墓“深葬不坟”，墓上没有封土。成吉思汗埋葬完毕以后，让万余匹马在其上及其周围踩踏，隐去遗迹，至今下落不明。明代的朱元璋为了以假乱真，传说死后出丧场面有13口棺材，同时抬出13个城门，以乱其真。明代万历皇帝入葬时，也有18口棺材分别葬在陵区的山中。

也正因为如此，在民间和学术界也有另外一种声音，认为秦始皇陵的地宫应在骊山之下。其根据是《汉旧仪》一书中，有一段关于秦始皇陵地宫的介绍：公元前210年，丞相李斯曾向秦始皇报告，按照方案，称其带了72万人修筑骊山陵墓，已经挖得很深了，好像到了地底一样。也就是“凿之不入，烧之不然，叩之空空，如下天状”。秦始皇听后，下令“其旁行三百丈乃至”。“旁行三百丈”一说让秦陵地宫位置扑朔迷离。民间曾传说秦陵为了防止盗掘，以假乱真，将地宫修在骊山下，骊山和秦陵封土之间还有一条地下通道，每到阴天下雨的时候，地下通道里就过“阴兵”，人欢马叫，非常热闹。据悉，考古工作者根据这个传说曾作过很多考察，但却一直找不到这个传说中的地下

通道。

目前，经过科学勘探，在封土之下已经发现了地宫的宫墙，以及庞大的地宫。这充分说明地宫就在封土之下。司马迁《史记》说秦始皇陵地宫“穿三泉”，那么至深至极的地宫究竟有多深呢？地宫的深度曾经引起各方面人士的关注。国内文物考古、地质学界专家学者对秦陵地宫深度也作了多方面的研究探索，得出了不同的结论。首先对于“穿三泉”的理解不同，有的人认为“三”不是一个固定的数量，就好比过去的三、六、九，是“多”的意思一样。也有人认为就是明确指第三层地下水。当时能不能在地下水中作业呢？应该是可以的。这一时期的科学技术水平已经比较高了，在湖北大冶铜绿山发现的战国时期的古铜竖矿井深度超过50米，已经解决了通风和排水问题。根据最新钻探资料，秦陵地宫并没有人们想象的那么深，实际深度应与秦东陵一号秦王陵园墓室深度接近，即30米左右。从30米的深度来看，肯定进入到地下水了。那么如何保证地宫中没有地下水呢？秦始皇陵专门围绕地宫修建了阻排水渠。这条阻排水渠已经被考古工作者勘探出来，阻排水渠分布在地宫的东、南、西三个方向，将地宫和周围的水阻挡或者排掉，底部由厚达17米的防水性强的青膏泥夯成，上部由84米宽的黄土夯成，规模之大让人难以想象。

考古工作者已经勘探出了秦始皇陵地宫的宫墙，地宫究竟有多大呢?据探测，东西长170米，南北宽145米，主体和墓室均呈矩形状。墓室位于地宫中央，高15米，面积相当于一个标准足球场大。

为什么要把地宫挖得如此之深呢？主要的原因是为了防盗，以保证地宫的安全。

秦始皇陵埋藏丰富，因此在防止盗墓方面也是煞费苦心，墓葬挖得很深本身就是为了防盗，地宫中的水银也具有防盗的作用。《史记》记载，秦陵地宫“令匠作机弩矢，有所穿近者辄射之”，指的是这里安装着一套自动发射的暗弩，如果有盗墓者进入，暗弩就会立即发射。如果记载属实的话，这是中国古代最早的自动防盗器。秦代曾生产过连发三箭的弓弩，秦始皇在东海中曾经使用连弩射死过大鲛鱼。但

▼秦始皇陵出土的大铜鼎

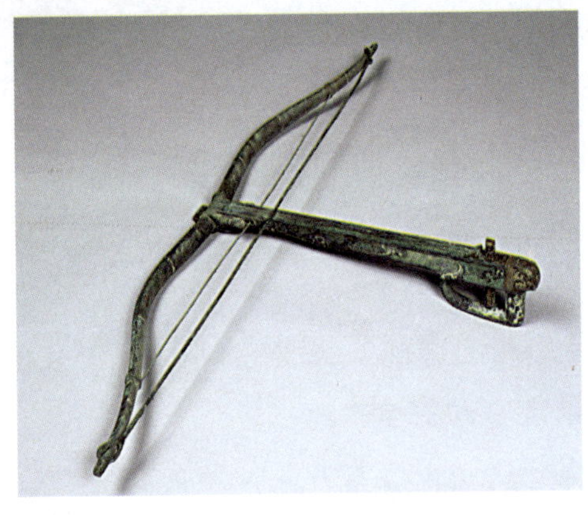
▲秦始皇陵出土的弩机

是安放在地宫的暗弩当是一套受外界影响可以自动发射的弓弩。当外界物体碰到弓弩时便会自动发射。

始皇陵地宫“上具天文，下具地理”，其含义是什么呢？应当是在墓室顶部绘画或线刻日、月、星象图。近年来，考古工作者在西安交通大学和西安理工大学的西汉壁画墓中都发现了类似于“天文地理”的壁画。上部是象征天空的日、月、星象，下部则是代表山川的地面雕塑。由此推断，秦陵地宫上部可能绘有完整的二十八星宿图，下部则是以水银代表的山川地理。秦始皇在世时，受日月星辰的影响，到处游山玩水，死后必然会有所反映，这也是对秦始皇生前游览全国名山大川的一种形象展示。

始皇陵以水银为江河大海的记载见于《史记》和《汉书》。然而，陵墓中究竟有没有水银始终是一个谜。现代科技的发展为验证秦陵地宫中是否埋有水银这一千古悬案提供了必要的前提条件。地质学专家先后两次到始皇陵封土上采样。经过反复测试，发现始皇陵封土土壤样品中果然出现超高的“汞异常”现象，面积达1.2万平方米。前几年由中国地矿局实施的“863”计划，用遥感等先进设备勘探，也证明地宫中含有水银，略呈几何形分布，且东南、西南强，东北、西北弱，与中国大地地面上的河流江海分布位置是一致的。而秦始皇陵附近包括封土来源地的土壤样品几乎没有汞含量。科学家由此得出初步结论：《史记》中关于始皇陵中埋藏大量汞的记载是可靠的。其实在陵墓中用水银，并不是秦始皇的创造，在秦始皇之前已有人使用了。春秋时期吴国国王阖闾和齐国国王齐桓公的陵墓中就有水银。为何在陵墓中放入水银呢？一则古人认为水银具有防腐的作用，可以防止尸体的腐烂；二则由于古代帝王大兴厚葬之风，但又害怕别人盗掘，水银易挥发，所以当盗墓者进入墓穴时，就会毒死盗墓者。始皇陵地宫的水银的作用大概与这两个因素有关。同时，水银是液体，可以流动，以象征秦始皇生前游览过的江河大川及东海。

▼秦始皇陵文官俑

据测地宫中大约有 100 吨的水银，那么这些水银是从哪里得到的呢？过去大多认为是由巴蜀的寡妇清提供的，因为史书记载寡妇清是采汞炼丹的，她也受到过秦始皇的器重，并专门为其修建“怀清台”。近

几年在陕西南部的旬阳发现了战国时期的汞矿遗址，专家认为这里距离秦始皇陵最近，因此这些水银也可能来自旬阳。

《史记·秦始皇本纪》中记载："始皇初即位，穿三泉，下铜而致椁，宫观百官，奇器珍怪徙臧满之，令匠作机弩矢，有所穿近者辄射之，以水银为百川江河大海，机相灌输，上具天文，下具地理，以人鱼膏为烛，度不灭者久之。"意思是说秦始皇陵地宫挖得很深，直到地下水多层，用铜液浇灌，并涂以丹漆，上面再放棺椁。地下宫殿中有文武大臣的位次，并有大量的珍宝器皿、珍禽异兽。地宫门上置有弩机暗器，以防盗掘。墓室顶上绘有天文星宿图像，地面下模拟山岳九州的地形，又灌注大量的水银做成大海、江河，以机械动力使之川流不息。用

▼秦始皇陵出土的铜仙鹤

娃娃鱼脂膏做成蜡烛，这种蜡烛能点燃很长时间。司马迁的记载经证明是可靠的，这是因为司马迁生活的时代与秦始皇时期相距不远，他写《史记》时，遍访全国名山大川、人文胜景，作为当时的史官，遍览当时宫廷档案石室金匮之书。秦始皇陵又距西汉都城长安较近，因而司马迁对当时的情况是比较熟悉的。更重要的是司马迁关于地宫中的记载，有许多已被今天的考古资料所证实。

文献明文记载地宫中有“金雁”、“珠玉”、“翡翠”等，其他还有什么稀世珍宝谁也不清楚。不过我们有理由指出，地宫的珍宝应该是不胜枚举的。之所以如此，是因为：其一，目前在秦始皇陵园中已经发现了众多的珍宝级文物，如铜车马、铜水禽、青铜鼎、乐府钟等，特别是20世纪80年代末考古工作者在地宫西侧发掘出土了一组大型彩绘铜车马。车马造型之准确，装饰之精美举世罕见。其二，既然地宫外侧珍藏了如此之精美的随葬品，那么，地宫内随葬品之丰富、藏品之精致是可想而知的，因为古代墓葬的重要随葬品一般都在地宫内，靠近棺木。

也正因为此，秦始皇陵地宫也就有了许多被盗之谜。

大家都或多或少听说过秦始皇陵曾屡次被盗，史书中也多处记载秦始皇陵遭到盗掘和

焚毁。其中有项羽、牧羊童、石季龙、黄巢等在此进行破坏。记载最多的是项羽，如“项羽烧秦宫室，掘始皇帝冢，私收其财物”，即项羽的军队火烧秦咸阳宫，又掘始皇陵，抢去陵中财物。又有“项羽入关发之，以30万人30日运物不能穷”，即项羽的军队30万人在此盗掘一个月，仍未把宝物盗完。

下面我们分析一下有无此可能性。项羽是在秦末农民起义过程中发展起来的一支反秦力量，是楚国的后裔，因楚国被秦所灭，因而进入关中后，为了复仇，烧杀掳掠，无所不为，火烧秦咸阳宫及周围宫殿，火三月而不灭，使秦帝国在关中众多宫殿遗址，如今只能见到一些残砖碎瓦、火烧土块。

▼西楚霸王项羽

当然，项羽对灭楚的头号人物秦始皇就更为愤恨了，所以秦始皇陵的浩劫也难以幸免。项羽在秦始皇陵的盗掘与破坏是有的，但并没有对地宫造成影响。他确实焚烧了秦始皇陵的地面建筑。同时从发现的兵马俑情况看，被破坏的程度也是相当严重的。一、二号兵马俑坑的地下建筑都曾被大火烧过，三号坑陶俑破坏相当严重，据研究表明也是项羽所为。说明他确实到过秦始皇陵进行破坏。但是否进入地宫，笔者认为是值得怀疑的。何况项羽当时在关中待的时间很短，又要和刘邦进行政治上和军事上的较量，这又是他当时进军关中的主要任务，当他的政治权力在未获得巩固之时，是无暇顾及地宫的。更重要的是，盗掘始皇陵绝不像用一把火烧秦陵建筑那样容易。高大的封土和深达几十米的地宫，没有足够的时间是没有办法进行盗掘的。

另外，据文献记载：有一个牧童放羊时，羊钻入洞穴，放羊者打着火把找羊，而失火烧了地宫中的棺椁。这个记载显然是有问题的，因为刘邦执政建立西汉政权后，曾委派20户人专门守护秦始皇陵，这些守陵人是奉皇帝命令而来的，一定会尽职尽责的，不会发生这样的失职事故。更何况这么大的事情《史记》竟无片言只语，司马迁遍览皇家档案、石室金匮之书，若确有文字记载，是会把它记录于《史记》中的。这纯属于编造的故事。

那么石季龙是否盗掘过秦始皇陵？石季龙即石虎，是后赵的国君，生活荒淫、奢侈，其统治地区在河南、河北一带。据史书云，他“取铜柱铸以为器”，但由于考古工作者迄今发掘未见到

铜柱之类的东西，故始皇陵地宫中也不一定有此类东西，所以，石季龙盗墓说也难成立。

关于黄巢掘墓等问题也不大可能。史书中关于农民起义军盗墓的记载颇多，但笔者认为不尽是这样。之所以会出现这种情况，是由于这些史书都是古代文人写的，他们对农民起义多有诬蔑不实之词，所以这些记载的可靠性不大。如果这些起义军盗墓，必然留下大规模盗掘的痕迹。但今天的考古工作者在封土堆上找不到被盗掘的痕迹，虽在封土堆的西面和东北面各发现一个盗洞，但都是直径只有1米，深只有8米，呈椭圆形，显然是宋代的盗墓贼干的，而且这些盗洞根本未进入地宫之内。历代的史书中虽有秦始皇陵屡被盗掘的记载，但也有不少的史书对这些记载持否定态度，认为不可信之。

之所以会出现秦始皇陵屡次被盗掘的记载，是因为《史记》中有关秦陵地宫中金银财宝的描写及秦始皇生前强大的国力和奢侈的生活必然在地下王国有所表现，引起了盗墓者的觊觎，也引起了人们的一些猜测，便出现了各种各样的附会传说。

▲秦始皇陵出土的陶俑

当然我们不排除历代确有许多人欲在此进行盗掘的想法，但是并未深入到地宫中，从秦始皇陵现在的情况来看，应该说对地宫的盗掘都未成功。只是对陵园以内的地上建筑或者地上建筑中的物品进行破坏或者盗窃。因为被称为“青铜之冠”的铜车马可谓豪华至极，陪葬在地宫以外，也没有被盗掘，所以笔者认为秦始皇陵地宫历史上是没有被盗掘的。

由于《史记》中记载地宫门上装有暗弩，一触即发，并埋有水银，这些东西对盗墓者是一个威慑。盗洞之所以未进入地宫内，一则因为盗墓者确实害怕，二则可能随着盗洞的深入，水银的蒸发愈浓，会把盗墓者熏死。秦始皇陵是否被盗，如果有朝一日被发掘，真相定会大白于天下。但是笔者认为不管历史上盗与未盗，其地宫的发掘都会震惊世界的。

目前虽然在秦始皇陵区发现了600多个陪葬墓和陪葬坑，但仅是秦始皇陵的冰山一角。那么，神秘莫测的地下宫殿内到底是什么样的呢？相信随着考古工作进展的深入，这个千古之谜必将会被解开。

5. 秦二世皇帝陵

秦二世陵位于西安曲江新区内曲江池遗址公园南岸。整个陵墓呈半圆形。现地面封土堆直径25米，高5米。

秦二世，名胡亥(前230~前207年)，是秦始皇少子，太子扶苏的弟弟。秦始皇第五次出巡病

▶ 秦二世陵

死途中，在赵高与李斯的策划下，胡亥发动了“沙丘之变”，杀害哥哥，当上秦朝的二世皇帝。

胡亥的即位完全是赵高为了自己专权而一手策划的，在秦始皇的众公子中，胡亥论才干和年龄绝对不够即位的资格。他的长兄扶苏在秦始皇诸子中是最优秀的，秦始皇也将他作为继承人来培养，虽然秦始皇并不是很喜欢他。而胡亥在秦始皇的儿子中是出名的纨绔子弟，没有什么帝王儿子的风度。胡亥的公子哥形象加上赵高的教唆，使他在邪路上越陷越深。赵高本是宫中的一个太监，但深得秦始皇的宠信，一直提拔他做了中车府令，负责皇帝的车马仪仗。为了巴结胡亥，赵高经常教胡亥书法和如何断案，加上赵高的三寸不烂之舌，将胡亥牢牢地控制住，一切听他指挥，这是以后赵高鼓动胡亥篡位的基础。

胡亥坐上帝王宝座之后，贪图享乐，不理

小资料

扶　苏

又称公子扶苏，是秦始皇的长子，秦朝统治者中具有政治远见的人物。他认为天下初定，百姓未安，反对实行“焚书坑儒”、“重法绳”等严峻政策，因而被秦始皇派到上郡监蒙恬军。秦始皇死后，赵高等人害怕扶苏即位执政对己不利，便伪造诏书，扶持胡亥即位。并进谗扶苏在边疆和蒙恬屯兵期间，“为人不孝”、“士卒多耗，无尺寸之功”、“上书直言诽谤”，逼其自杀。

朝政，赵高大权独揽。为了试探大臣对他的真实态度，赵高精心策划了一起在历史上遗臭万年的政治事件——“指鹿为马”。与此同时，东方的农民起义如火如荼，秦王朝的统治已经岌岌可危。到这时，胡亥才猛然醒悟过来，原来赵高说的天下太平竟是谎言，现在天下已经乱得要亡国了，胡亥言谈之中对赵高很是不满。原来就有篡位之心的赵高干脆先动手了。让自己的女婿阎乐领着上千人，假称抓捕盗贼，直闯胡亥的行宫，最后胡亥抽剑自刎，死在最宠信的奸臣赵高之手。

胡亥死时只有23岁，皇帝也仅仅当了3年，后来以黔首（即老百姓）的名义被埋葬。墓地在杜南的宜春苑中（现在西安曲江开发区）。目前仍有一小封土堆，立着一块墓碑，上书“秦二世墓”，是清朝陕西巡抚毕沅所立。

现在秦二世陵遗址已经被开发成遗址主题公园，使落寞的二世陵焕发出生机。在二世陵旁另有一秦殇博物馆，展出在曲江出土的文物。这是对后人进行教育的良好平台。

▼曲江池遗址公园

不可一世的秦帝国仅仅存在了15年便土崩瓦解了，历

史的经验教训值得我们永远牢记。

6. 秦帝王陵的特点

从上述秦帝王陵的情况我们可以看到秦公帝王陵有自己的特点，并产生了深远的影响，表现在：

①规模愈来愈大

秦帝王陵随着秦国力的日益强大及厚葬思想的影响，陵园规模越来越大。

秦人是从东方迁徙到甘肃天水一带而发展起来的，此后由于国力的强大，越过陇山进入关中地区，并一直向东发展，从“春秋五霸”到“战国七雄”，从一个弱小诸侯国进而成为一个统一天下的帝国。正由于此，秦帝王陵也在不断发生变化，规模逐渐扩大，陵园设施愈来愈完备。

②修建严密的防范措施

为了保护秦帝王陵的安全，遂在陵园周围修建了保护性的设施。最早是在陵墓以外修建隍壕。隍壕作为防御设施，在母系氏族社会时期的半坡遗址中就有发现。凤翔雍城秦公陵园中的隍壕有外、中、内三重。外隍壕是指整个陵地外的围沟，中隍壕是几座陵墓组成的陵园的围沟，内隍壕是某一个陵墓自身的围沟，有的在四边均留有缺口通道。隍壕的横剖面呈槽形，宽与深均在3~4米。应该说，在陵墓修建隍壕是秦陵的一个显著特点。

秦东陵也发现了壕沟，既有天然的，也有人工挖掘的。到秦始皇陵时，由地下隍壕变成地面上的城垣。现在明显能看到的城垣有两重，即内、外城垣，成“回”字形。

③从墓而不坟到高大墓冢

在春秋以前，墓葬是“不封不树”的，即在墓葬之上既没有封土也不种树。随着社会的发展和阶级分化、等级制度的严格，旧有的墓葬制度便开始退出历史舞台，坟丘墓这种能反映等级区别的墓葬便应运而生。

秦公帝王的墓葬就反映了这样一段演变历史。在秦献公之前的秦公墓上均不见封土，这种现象在甘肃的礼县大堡子秦公墓地和陕西的雍城秦公陵区均可以看到，只在墓葬上筑有享堂，只能搞清楚墓的主人是谁，但并不能从地面上反映某个秦公的地位及当时的社会环境。

▼秦始皇陪葬坑中的兵马俑几乎每一件都有其典型的性格特征。

从秦献公陵墓开始，秦陵上开始出现封土，且越筑越大。关于献公、孝公两位的陵墓，在《云梦睡虎地秦简》中记载：“何为甸人，守孝公、献公冢者也。”何为冢呢？“封土为丘陇像冢而为之”。说明当时献公、孝公陵已成冢墓了。到了惠文王、悼武王时，其墓已改称陵了，因为他们随着国力的强大已不再称秦公，而改成秦王了。目前这两座墓上仍留下高大的封土，还是“亚”字形大墓。

秦始皇陵将中国的封土墓发展到极致。据记载，其墓高50丈，折合现在115米，迄今仍留下一高大的封土堆，是我国古代最高大的封土堆。始皇陵封土上植有树木。古代墓葬上种树的多少是有规定的，不能随意种植。据《史记·秦始皇本纪》记载，修陵时“树草木以象山”，《汉书·贾山传》也有“中成观游，上成山林”的记载。

④厚葬制度盛行

▼秦始皇陵出土的乐府钟

古代人认为人死后灵魂不灭，因而对死去的人，要“事死如事生”，即生前所有及希望享有的，在死后的陵园中都会体现。实质上厚葬是做给后人看的。随着国力的强大，生活资料的丰富，人们用在陵墓陪葬上的财力更雄厚。这在吕不韦的《吕氏春秋》中有详细记载：“国弥大，家弥富，葬弥厚。含珠鳞施，夫玩好货宝，钟鼎壶滥，舆马衣被戈剑，不可胜其数，诸养生之具，无不从者。题凑之室，棺椁数袭，积石积炭，以环其外。”

秦帝王陵自始至终贯穿着厚葬思想。秦公一号大墓，是目前发掘的先秦时期规模最大的墓葬。秦始皇更是有过之而无不及，陵园规模更大，从13岁刚一即位便开始修建，动用70余万人，直到死时还未完工，耗时近40年时间，陪葬品极为丰富。

⑤建筑在山环水抱的高地上

古人对死后的埋葬地是非常讲究的，要进行精心选址，当时称为“堪舆”，后来称为风水。秦帝王陵在这方面也是一样，其陵址均选在山环水抱的高台地上。实质上，秦帝王陵的选址是经过认真考虑的，很讲求风水，对周围的自然环境非常在意，如山、水、交通等。

雍城秦公陵区位于渭水以北的凤翔原（古称三畤原）上，北眺雍山，西依灵山，东接扶岐。这里土厚水深，是理想的秦公墓地。秦东陵位于骊山西麓的高台地上，西有灞河，北有渭河，又处在秦通楚国的武关道旁。在秦公帝王陵中地理环境最好的要算秦始皇陵了。它位于骊山北麓，骊山山势高耸，又因有温泉而成为历代统治者垂青之地。《水经·渭水注》云：“秦始皇大兴厚葬，营建冢圹于丽戎之山，一名蓝田，其阴多金，其阳多美玉，始皇贪其美名，因而葬焉。”说明秦始皇喜欢骊山的金和玉。

从地理形势来看，这里南有骊山，北有渭水，地形高敞，东西各有数条河溪环绕，陵区地势宽广。渭河、始皇陵、骊山三者一线呈南北分布，气势磅礴壮观，确实是一块风水宝地。

秦公帝王陵的陵墓之所以均选择在高畅处，是为了将陵墓挖得很深，用于防盗。从已掌握的资料来看，均在20多米深。

⑥不循规蹈矩

关于秦人不循规蹈矩、功利主义的事实很多，如秦人并非遵循传统的嫡长子继承制。秦人是实用主义者，只要对自己有用的事，秦人都不计后果地努力去干，这是秦人的传统。直到后来遇到商鞅等法家人物，与秦人的思维一拍即合。因此秦公帝王陵中不断地出现僭越礼制的事。

秦人好大喜功，因此帝王陵墓都超越当时的礼制规定，修得雄伟高大。雍城秦公陵园，就已经有僭越礼制的迹象。秦公一号大墓是我国目前发现掘的先秦时期最大的陵墓，比商王的陵墓还要大3倍，而且采用了当时天子墓才能使用的“黄肠题凑”。到秦都咸阳以后，帝王陵已经成为“亜”字形，这是当时周天子才可以享用的。秦东陵中也有3座墓葬同周天子的墓葬级别一样，也为“亜”字形墓，这绝对是僭越礼制的行为。到秦始皇陵修建时更是有过之而无不及。充分说明陵墓礼制对于秦公帝王来说无任何约束力，这是由秦人的价值观所决定的。

⑦从人殉到用陶俑殉葬

殉葬制度大约是从原始社会氏族制度形成的时候开始的，随着生产力的发展，阶级社会的产生，殉葬制度日益严重。在阶级社会，奴隶如同牛马一样，被任意宰杀和殉葬。秦帝王陵中的人殉现象也是比较严重的，秦武公“初以人从死，从死者六十六人。有子一人”。这是秦公用人殉的最早记录。实质上在甘肃礼县秦公墓中就有人殉了，在两个“中”字形大墓的墓道中均有殉人。到秦穆公时更是如此，“穆公卒，葬雍，从死者百七十七人”。陕西凤翔秦公一号大墓中发现的殉葬者达186人。

小资料

人　殉

人殉是古代葬礼中以活人陪葬的陋俗，是阶级对抗的产物，也是一种残忍而野蛮的宗教行为。每次殉多少人，并无具体执行标准。

▼跽坐俑。从这件陶俑像中，可看出秦代人的习俗、发式和衣饰等装束。

到秦献公时明令“止从死”，不得用活人殉葬。那么用什么东西可代替殉人呢，“俑”便应运而生。最初是用木头或其他质料仿制的人形，用以代替活人殉葬，这是随着社会发展和进步而出现的，是生产力发展的结果，说明人的地位上升。目前发现的秦俑有陶俑、石俑等，在铜川枣庙秦墓中发现的小泥佣是目前发现的秦最早的俑。到秦始皇陵时，用俑陪葬已发展到极致，用8000多个陶俑陶马来作为军事性质的殉葬，且完全写实，与真人真马一样大，这确实是一种进步。除此之外，在秦始皇陵园中还有很多的陪葬坑中都有陶俑陪葬。虽然费时费钱，但比用真人殉葬要好得多。目前在秦始皇陵发现的陪葬陶俑陶马中，除了军事性质的，还有生活性质的，如养马的跪坐俑、圉人俑。

但据《史记·秦始皇本纪》记载，秦始皇陵

小资料

始作俑者

《孟子·梁惠王上》记载：孔子反对用俑殉葬，曾说："始作俑者，其无后乎！"意思是最早发明用俑来殉葬的人，大概不会有后代。后用"始作俑者"来比喻恶劣先例的开创者。孔子指责最早使用精致的俑作殉葬的人，并非希望像商代那样以人殉葬，而是希望恢复周前期的风俗，用粗糙的刍灵（即草人）来殉葬。

▶ 秦始皇陵兵马俑

在封墓道时，秦“二世曰：‘先帝后宫，非有子者，出焉不宜’，皆令从死，死者甚众，葬既已下，或言工匠为机，臧皆知之，臧重即泄。大事毕，已臧，闭中羡，下外羡门，尽闭工匠臧者，无复出者”。可以看出秦始皇陵墓中有不少人被殉葬，其中有两类人：后宫中的妃子当为殉葬；工匠被埋是因为害怕他们出去后泄露墓中秘密，这是秦二世的决定，应该说与秦始皇无太大的关系。在秦始皇陵园中还发现几处秦公子、公主的墓葬，是为秦始皇陪葬的。

从秦始皇陵的殉葬情况来看，既有显示社会发展的一面，又有沿袭旧习惯的一面。例如我们在目前发现的秦陵陪葬坑中既能看到陶制的马，也能看到当时的活马被埋葬。这个问题值得我们深思。

中国古代的金字塔群——西汉十一陵

"汉承秦制"是人们关于汉代对秦制度延续的总结性概括。秦帝王陵墓制度对汉代确实起了十分重要的影响，主要体现在陵寝制度、陵邑制度、陪葬制度上。

其实，秦朝的陵寝制度影响更为深远，直到明清时期的帝王陵仍实行这种制度。西汉帝陵的寝殿，在初期也像秦始皇那样建在墓的北侧，到汉景帝阳陵时，寝殿则由陵园内移到陵园外，并建成以寝殿为中心包括便殿在内的寝园。考古工作者通过对汉宣帝杜陵的寝殿的发掘，对汉代的帝陵寝殿建筑形制才有所了解。其寝园位于陵园之东南，在寝园内，寝殿在西，便殿在东。《汉书·韦贤传》云："园中各有寝、便殿。日祭于寝，月祭于庙，时祭于寝殿。"

陵邑制度开始于秦始皇陵时。《后汉书·光武十王传》东平宪王刘苍云："园邑之兴，始自强秦。"为了加强对修陵的管理工作，秦始皇十五年设置丽邑，三十五年又迁三万家丽邑，考古发掘也证明秦始皇陵确实有丽邑，在陵园内多次发现刻有"丽邑"陶文的陶器和砖瓦。其遗址位于秦始皇陵园北侧约2.5千米的刘家村东，地面上堆积着大量的残砖瓦片、红烧土，许多陶片上有陶文印记。汉代在咸阳原上建置了五陵邑，即高祖长陵邑、惠帝安陵邑、景帝阳陵邑、武帝茂陵邑、昭帝平陵邑等。西汉设置

小资料

陵 寝

陵寝是皇帝死后安葬的地方，其名号一般是根据去世皇帝生前的功过和世系而命名。开国皇帝之陵一般称为"长陵"，其后诸帝则应依其事迹和世系来命名，诸如康陵、定陵、显节陵等。也有以所在地命名的，如霸陵、首阳陵等。为皇帝建陵后，还要设置守陵奉祀之官以及禁卫和陵户。

> **小资料**
>
> **丽　邑**
>
> 是为秦始皇陵设置的管理与祭祀机构，相当于县一级行政区划。丽邑设置的目的有二：一是服务于陵园的修建工程，二是侍奉陵园。它的设立开创了在帝王陵附近置陵邑的制度。

陵邑的目的除和秦始皇陵邑供奉陵墓一样以外，还有强干弱枝、维护中央集权制的作用。

另外，汉陵还在陵园建城垣、筑覆斗形封土、建有众多陪葬坑（如兵马俑坑）、陪葬墓等方面有所继承。

西汉时期是我国古代的第一个鼎盛时期，各种典章制度的完善、确立和巩固基本上都完成于西汉。丧葬制度是礼仪典章制度的重要组成部分，汉代丧葬制度也是“事死如事生”，西汉皇帝陵墓就反映了当时社会的最高丧葬礼仪，帝陵也可以说是西汉古代统治阶级社会历史活动的缩影。对西汉帝陵的勘探与发掘，使我们对西汉历史有更全面、更深刻的认识。

西汉11个皇帝的陵墓，除汉文帝刘恒霸陵和汉宣帝刘询杜陵位于渭河以南，西安市东郊的白鹿原北端及南郊的少陵原上，其余9位均安

▼西汉十一陵分布示意图

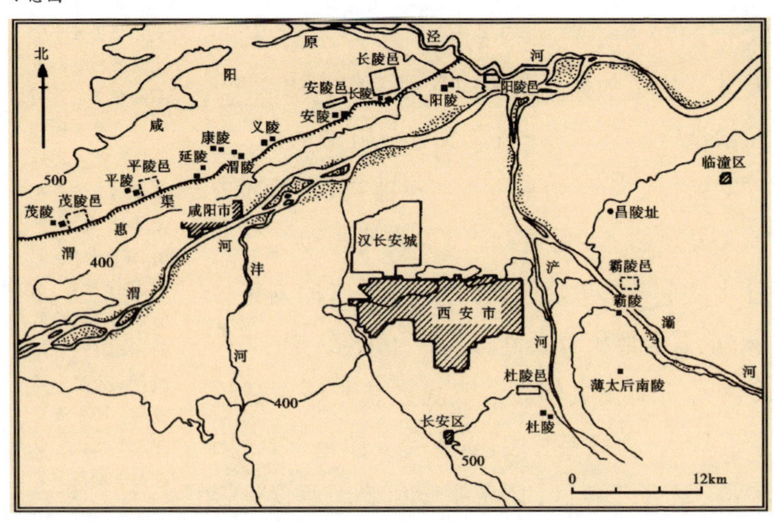

葬在渭河北岸的咸阳原上，东西约40千米，西起兴平市豆马村，东到咸阳市正阳乡张家湾，依次排列着汉武帝刘彻茂陵、汉昭帝刘弗陵平陵、汉成帝刘骜(ào)延陵、汉平帝刘衎(kàn)康陵、汉元帝刘奭(shì)渭陵、汉哀帝刘欣义陵、汉惠帝刘盈安陵、汉高祖刘邦长陵、汉景帝刘启阳陵。

▲三出阙示意图

诸陵中，除霸陵“因山为陵”外，其余均为土冢，封土高大，呈覆斗形，形状似“金字塔”。陵四周以夯土构筑陵园，一般为方形，坐西朝东，每面辟有一阙门。经发现，阳陵南阙门遗址为三出阙形式。皇后陵多居帝陵东西两侧，除吕后陵与高祖陵共一陵园外，其余大都各筑陵园，只是规模稍小。诸陵附近辟有寝园、陵庙以及从葬坑等。

1. 高祖长陵

汉高祖刘邦的长陵，位于陕西省咸阳市窑店乡北的咸阳原南部，坐北朝南，南面是川流不息的渭水，北面是巍峨壮观的九嵕(zōng)山。长陵居高临下，威武壮观，显示出古代帝王高高在上的尊严。

刘邦是中国历史上第一个“以布衣提三尺剑有天下”的平民皇帝。楚汉战争中，他叱咤

▲长陵陪葬兵马俑

风云，“大战七十，小战四十”，身负重伤12次，最后击败了不可一世的西楚霸王项羽，建立了西汉王朝，登上了皇帝的宝座。

登基后刘邦一面加强中央集权，消灭韩信、彭越、英布、臧荼等异姓诸侯王，同时又裂土分封9个同姓诸侯王。并采用休养生息之宽松政策治理天下，让士兵复员归家，豁免其徭役，重农抑商，以恢复残破的社会经济，稳定统治秩序。不仅安抚了人民，也促成了汉朝雍容大度的文化基础。

高祖十二年（前195年），刘邦因讨伐英布叛乱，被流矢射中，其后病重不起去世，庙号太祖，谥号高皇帝。毛泽东对刘邦的评价是“古代皇帝里边最厉害的一个”。

刘邦称帝的第二年开始营建长陵。长陵亦称“长山”或“长陵山”，取名“长陵”或因与所在地古称“长平”或“长平阪”有关。实测封土底部东西长153米，南北宽135米，顶部东西55米，南北35米，高32.8米，与史籍记载相近。陵园是仿照西汉都城长安建造的，只是规模略小而已。陵园内还建有豪华的寝殿、便殿。寝殿是陵园中的正殿，殿内陈设汉高祖的“衣冠几仗像生之具”，完全像皇帝生前时一样侍奉。汉高祖刘邦的陵冢在陵园的偏西处，陵前立有清乾隆年间陕西巡抚毕沅所书的“汉高祖长陵”石碑一通，陵冢下面是刘邦安寝的地宫。

陵园中还有吕后合葬陵，在长陵东面200多米的地方。1968年，只有13岁的孔忠良放学回家，在长陵附近渠边发现一枚发光的白色小石头，就小心翼翼地装进书包拿回家。他父亲孔祥发看后说是一枚印章，可能是文物，要好好保护，把它上交国家。第二天，孔忠良和父亲把这枚小石头送到陕西省博物馆（现在的西安碑林博物馆）。经专家鉴定，这是块上好的新疆和田羊脂玉，玉石上雕刻的是一只螭虎，更让专家惊讶的是玉石上雕刻着“皇后之玺”四个篆体字，艺术价值极高。其形制、式样、印文内容及字数均与文献所载相符，经鉴定，当为吕后之印玺无疑，价值连城。孔忠良和父亲听说是珍贵文物后，毫不犹豫地上交了。“它

小资料

同茔异穴

是汉代帝王墓葬形制之一，即夫妻分别在两个相互紧靠的墓穴中。茔是指坟墓、陵园。确切地说，茔是指坟墓的地上部分。穴，是指墓穴，主要指地下部分。也就是将两个已故之人的尸体埋葬在同一个陵园之中，但不在一个墓穴，而是单独处在不同的墓穴之中。

▼皇后之玺及印文

是我们的国宝，给国家肯定有很大的价值，保护文物是我们每个公民应尽的责任嘛。”孔忠良说，当时他们没要任何报酬，博物馆的一位领导给了他和父亲20元作为回家的路费。

“皇后之玺”高2厘米，边长2.8厘米，重33克，以新疆和田羊脂白玉雕成。该玉玺玉质之精美，螭虎造型之生动，玺文字体之规整大气，雕琢技法之娴熟，都是罕见的。迄今为止，“皇后之玺”仍是两汉时期等级最高且唯一的帝后玉玺，属于国宝级文物。

1970年开始发掘的长陵附近杨家湾汉墓及陪葬坑，将3000多件彩绘兵马俑展现于世，为我们提供了研究汉代军制、战阵、武器装备等情况的宝贵资料。杨家湾汉墓规模巨大，结构复杂，在西汉帝陵陪葬墓中很有代表性，墓主可能是大将周勃、周亚夫父子。

▼萧何夫妇陪葬墓

陵园的北面是长陵邑的所在地，在现在咸阳市的韩家湾。陵邑略呈长方形，城墙由夯土筑成，南北长，东西宽。陵邑的南墙部分与陵园北墙重合，东面没有城墙建筑。刘邦生前就迁徙大姓和贵戚之家在陵邑中，让其侍奉陵园，陵邑户口多达五万。近年在长陵陵邑范围内曾经发现树木双兽纹半瓦当和大量瓦片堆积、水管道、生产工具等。从这些残留的废墟和出土文物可以窥见当年陵邑朱檐彩栋、深宫广院、车马人熙的繁华景象。

在西汉诸陵中，长陵的陪葬墓数量最多，跟随刘邦南征北战的功臣和贵戚，死后多陪葬在长陵。根据史书的记载，萧何、曹参、张耳、田蚡、周勃父子等功臣贵戚大都陪葬于此。这些累累连绵的坟冢，从某种角度再现了汉初文治武功的盛况。

2. 文帝霸陵

从西安市向东来到灞河西岸，在灞桥区毛西乡附近的杨家圪塔村可以看到一座自然而成、气势磅礴的帝王陵墓，它就是安葬汉文帝刘恒的霸陵。

汉文帝刘恒（前202~前157年），是汉高祖的第四子，母薄姬，汉惠帝之庶弟。公元前196

年刘邦镇压陈豨(xī)叛乱后，封刘恒为代王，高祖死后，吕后专权，诸吕掌握了朝廷军政大权。公元前180年，吕后一死，太尉周勃、丞相陈平等大臣把诸吕一网打尽，迎立代王刘恒入京为汉文帝。

文帝即位后，励精图治，生活节俭，衣着朴素，废除肉刑，兴修水利，发展经济，使汉朝进入强盛安定的时期。当时百姓富裕，天下小康。为了发展农业生产，为了吸引农民归农力本，文帝以减轻田租税率的办法，改变背本趋末的社会风气，用来激发农民的生产积极性。文帝二年（前178年）和文帝十二年（前168年），曾两次“除田租税之半”，租率由十五税一减为三十税一，即纳1/30的土地税。文帝十三年（前167年），还全部免去田租。自此以后，三十税

▼文帝霸陵

一成为汉代定制。此外，算赋也由每人每年120钱减至每人每年40钱。

汉文帝在位时，存在诸侯王国势力过大及匈奴入侵中原等问题。汉文帝对待诸侯王，采取以德服人的态度。汉文帝善于以德治国，曾经亲自为母亲薄氏尝药，深具孝心。在位23年，生活朴素，车骑服御之物都没有增添。屡次下诏禁止郡国贡献奇珍异宝；平时穿戴都是用粗糙的黑丝绸做的衣服；为自己预修的陵墓也要求从简。

汉文帝在历史上受到很高评价，其原因是多方面的。从客观上说，汉初社会经济残破，但经过与民休息，文帝即位23年，经济发展得很快，人民从中得到实惠，经过比较，人们很容易感受到文帝的好处。从主观上说，汉文帝树立以身作则、“以德化民”之形象，但他从不以“有德”自居，而是多次下诏自责，把自然灾异和农业歉收等归咎于自己“不德”、“德薄”和“失德”，常说“吾甚自愧”“朕甚自愧”，并向贤良方正者和高级官员征求意见。

文帝为何不葬在咸阳原上，与其父亲等皇室葬在一起呢？其原因可能是吕后已与高祖合葬于长陵，文帝之母薄姬又无法以皇后身份在长陵区安葬；同时也与汉文帝节俭的性格有关，他要依山为陵。因此，只好另择陵区。

霸陵位于浐河和灞河之间的白鹿原北坡，

距长安城大约15千米。霸陵依山傍水，一面是陡峭的原坡，一面是汹涌的灞河，山陵之势就好像凤凰展翅，所以这里又被人们叫作“凤凰嘴”。霸陵一带，是汉代长安城通向东南的交通咽喉要道，秦汉以来的灞桥，就在附近架设。霸陵所处的白鹿原，地势高畅，居高临下，视野开阔，便于驻军，能够扼制长安与关东的往来，具有重要的战略地位。古代把这一带叫作霸上，一直是屯兵之地。历史上有不少威武雄壮的军事故事，就发生在这个地方。

汉文帝于后元七年（前157年）去世，遗诏对其丧葬事宜有明确指令。开头部分以谈论人生哲学开始：“朕听说凡是天下万物只要有生，就没有不死的。死亡这件事是天地之理、物之自然者，实在是用不着特别哀伤。现在世间的人们，都喜欢生而讨厌死，为了厚葬不惜倾家荡产，为了服满丧服不惜伤害健康，我很是不赞同。”遗诏的以下部分把汉文帝一贯保持的低姿态做人的风格发扬到了极致：“况且朕既不德，对于百姓没有什么帮助；现在要死了，还要使百姓穿着丧服很长时间，违反寒暑的穿着惯例，使父子悲伤，伤害长幼的志向，减损人们的饮食，断绝对于鬼神的祭祀，那不是在加重我的不德吗？！怎么对得起天下！”“朕获得奉祀祖先宗庙机会，以眇眇之身而高居于天下君王之上，已经20多年了。

小资料

五服制度

古代以亲疏为差等的五种丧服。谓高祖父、曾祖父、祖父、父亲、自身五代。中国古代社会是由父系家族组成的社会，以父宗为重。其亲属范围包括自高祖以下的男系后裔及其配偶，通常称为本宗九族。在此范围内的亲属，包括直系亲属和旁系亲属，为有服亲属，死为服丧。亲者服重，疏者服轻，依次递减。由亲至疏依次是：斩衰、齐衰、大功、小功、缌麻。

全托天地之灵，社稷之福，境内保持了安宁，战事很少。朕既不敏，经常害怕犯错，以至于羞辱了先帝的遗德；时间长了，又怕不能善始善终。现在终于得以天年，也得以追随高祖。这是对朕之不明的嘉奖，怎么会有什么悲哀的感觉！”他还主张丧事从简：“其令天下吏民，丧事传达后只需要服丧3日，3日后吏民都要脱去丧服。各级官府不得禁止百姓娶妇、嫁女、祭祀神灵、饮酒食肉。应该从事丧事事

▼五服服丧示意图

本宗九族五服正服之图

凡姑姊妹女及孙女在室或已嫁被出而归服并与男子同出嫁而无夫与子者为兄弟姊妹及侄皆不杖期

凡嫡孙父卒为祖父母承重服斩衰三年若为曾高祖父母承重服亦同

				高祖父母 齐衰 三月				
			曾祖姑 在室缌麻 出嫁无服	曾祖父母 齐衰 五月	曾伯叔祖父母 缌麻			
		从祖姑 在室缌麻 出嫁无服	祖姑 在室小功 出嫁缌麻	祖父母 齐衰 杖期	伯叔祖父母 小功	从伯叔祖父母 缌麻		
	从堂姑 在室缌麻 出嫁无服	堂姑 在室小功 出嫁缌麻	姑 在室期年 出嫁大功	父母 斩衰 三年	伯叔父母 期年	堂伯叔父母 小功	从堂伯叔父母 缌麻	
族姊妹 在室缌麻 出嫁无服	从堂姊妹 在室小功 出嫁缌麻	堂姊妹 在室大功 出嫁小功	姊妹 在室期年 出嫁大功	己身	兄弟 期年 兄弟妻 小功	堂兄弟 大功 堂兄弟妻 小功	从堂兄弟 小功 从堂兄弟妻 无服	族兄弟 缌麻 族兄弟妻 无服
	从堂侄女 在室缌麻 出嫁无服	堂侄女 在室小功 出嫁缌麻	侄女 在室期年 出嫁大功	长子 期年 长子妇 期年 众子 期年 众子妇 大功	侄 大功 侄妇 小功	堂侄 小功 堂侄妇 缌麻	从堂侄 缌麻 从堂侄妇 无服	
		堂侄孙女 在室缌麻 出嫁无服	侄孙女 在室小功 出嫁缌麻	嫡孙 期年 嫡孙妇 小功 众孙 大功 众孙妇 缌麻	侄孙 小功 侄孙妇 缌麻	堂侄孙 缌麻 堂侄孙妇 无服		
			曾侄孙女 在室缌麻 出嫁无服	曾孙 缌麻 曾孙妇 无服	曾侄孙 缌麻 曾侄孙妇 无服			
				玄孙 缌麻 玄孙妇 无服				

凡同五世祖族属在缌麻无服之外皆为袒免亲遇丧葬则服素服尺布缠头

凡男为人后者本生亲属孝服皆降一等本生父母亦降服不杖期报服同

务的，都无须穿着给父母服丧的‘斩衰’丧服（不缝衣边的丧服），经带宽度不要超过3寸，也不要在车辆上和兵器上蒙上白布，不要动员男女百姓到皇宫里来哭丧。宫殿里按礼应该哭丧的，每天的白天和傍晚各放声哭上15声，行礼结束后就停止。不是在白天、傍晚固定的行礼时间的，禁止宫殿里擅自哭丧。下葬后，有关人员穿着大功（粗的熟麻布）的丧服15日，换穿小功（较细的熟麻布）14日，再换穿细麻布的丧服7日，就可以脱去丧服。其他没有在本法令中明确规定的事项，比照本法令施行丧事。霸陵（汉文帝预定的墓地）山川都要保留原样，不要更改。夫人以下直至最低的少使称号的嫔妃（按照当时的法律，皇帝的嫔妃分为夫人、美人、良人、八子、七子、长使、少使七个等级）全部放回娘家。”

▼西汉拂袖舞女俑

据《史记·孝文本纪》记载，汉文帝生活俭朴，曾经宣布：“治霸陵皆以瓦器，不得以金银铜锡为饰，不治坟，欲为省，毋烦民。”这一诏令也可以理解为霸陵葬制即埋葬规格同样“因其故”，也就是按照既定方针，“毋有所改”。霸陵覆土工程只动用了31000人，也说明工程量不大。与秦始皇陵覆土工程使用工役达70多万人的情形比较，简直是天壤之别。说明汉文帝的丧事是从简的。

两汉之际，赤眉军入关中，曾经有发掘汉帝诸陵取其宝货的行为。据说只有汉文帝霸陵和汉宣帝杜陵得以保全。赤眉军发掘西汉帝陵事，发生于退出长安之后陷于窘迫情境之时。《汉书·王莽传下》写道："赤眉遂烧宫室市里，害更始，民饥饿相食，死者数十万，长安为虚，城中无人行。宗庙园陵皆发掘，唯霸陵、杜陵完。"《后汉书·刘盆子传》也记载："发掘诸陵，取其宝货，遂污辱吕后尸。凡贼所发，有玉匣殓者率皆如生，故赤眉得多行淫秽。"赤眉军对西汉帝陵的破坏，为历史上军事集团公开以武力发掘帝陵事件之先声。所谓"宗庙园陵皆发掘，唯霸陵、杜陵完"，成为鲜明的对照。之所以霸陵能完好保存，是由于赤眉军认为霸陵非厚葬之陵，在此不会有太大的收获。当然也可能来不及对霸陵和杜陵进行盗掘。

其实，赤眉军"发掘诸陵"，只是西汉帝陵遭到公开破坏之最极端的史例，皇帝陵园被民间盗墓者盗掘的情形，史籍中还可以看到不少记录。例如，霸陵随葬钱币在汉武帝时曾经遭到盗掘的事件就曾经引起关注。因此可知就陵园的总体安全而言，霸陵早已不"完"。史籍中还可以看到霸陵遭到盗掘的正式记载，这些文字受到对霸陵薄葬持否定意见的学者的重视。

在霸陵陵区内，比较重要的西汉陵墓还有文帝窦皇后陵、高祖薄姬南陵、武帝陈皇后墓、馆陶公主（文帝女）与董偃合葬墓等。薄姬南陵在霸陵之南4500米处，考古工作者在南陵发掘了20座陪葬坑，出土有大量的动物骨骼、陶俑、陶罐等，其中动物有犀牛、大熊猫、马、牛、羊、狗等。用犀牛和大熊猫陪葬，在西安考古中还是首次发现，均属热带或者亚热带动物，说明当时长安的气候是温暖的。窦皇后陵在霸陵东南1900米处，考古工作者发掘了47座陪葬坑，除出土了陶器、禽兽遗骨之外，还发现了一批彩绘女侍陶俑，或立或坐，立者拥物，坐者抚琴，体态端庄，衣着艳丽，应是当时宫女的形象。

据《咸宁县志》载，霸陵陵邑在陵园东南的曹家堡一带，而霸陵故城在灞桥镇一带。但由于灞河几经改道，灞河边的霸陵故城遗址已难寻找。近年有关专家根据有关文献，对霸陵故城再次进行调查，在今谢王庄北、新寺村的高地上发现大量汉代砖瓦和"长乐未央"残瓦当。据当地百姓讲，10多年前在该地打井时，在地下2米深处挖出用卵石铺的地面，路旁还铺有方砖，在附近还发现大量夯土层地基。据此推断，这里可能是当年的霸陵故城遗址。

3. 景帝阳陵

阳陵是汉景帝刘启及其皇后王氏同茔异穴的合葬陵园，位于今陕西省咸阳市渭城区正阳镇张家湾、后沟村北的咸阳原上，地跨咸阳市渭城区、泾阳县和西安市高陵县三个县区。

汉景帝是文帝的儿子。即位后，在政治上，加强中央集权，重用御史大夫晁错，大力推行削藩，平定了“七国之乱”。经济上，继续执行“重农抑商”这一既定国策。他多次下令郡国官员以劝勉农桑为首要政务。

景帝允许居住在土壤贫瘠地方的农民迁徙到土地肥沃、水源丰富的地方从事垦殖，并“租长陵田”给无地少地的农民。同时，还多次颁诏，以法律手段，打击那些擅用民力的官吏，

▼景帝阳陵

从而保证了正常的农业生产。继续采取黄老“无为而治”的政策，实行轻徭薄赋、与民休息的政策，恩威并施，恢复了多年战争带来的巨大破坏，使人民负担得到减轻。在法律上，实行轻刑慎罚的政策，继续减轻刑罚，强调用法谨慎，增强司法过程中的公平性。

公元前141年，景帝驾崩于汉都长安未央宫，遗诏“出宫人归其家，复终身”，一个时代宣告结束。这个时代的统治者景帝作为古代王朝统治集团代表人物，自然有其压迫、剥削、奴役劳动人民的一面。但是他的励精图治、他的变革措施毕竟在历史画卷上写下浓重的一笔，昭示着一个辉煌新时代的到来。“周云成康，汉言文景，美矣！”他是“文景之治”的主要贡献者。

阳陵的考古勘探发掘工作是汉代帝陵中做得最多的，因此该陵的内涵目前最清楚。后来的汉代帝陵制度基本遵循“阳陵模式”。1990年以来，陕西省考古研究院因修建机场高速公路的需要，对汉景帝阳陵进行了较大规模的调查、钻探、发掘和研究，取得了许多令人瞩目的研究成果。经探明，阳陵陵园平面呈不规则葫芦形，东西长近6千米，南北宽1~3千米，面积约12平方千米。由帝陵、后陵、南北区从葬坑、刑徒墓地、陵庙等礼制建筑、陪葬墓园及阳陵邑等部分组成。

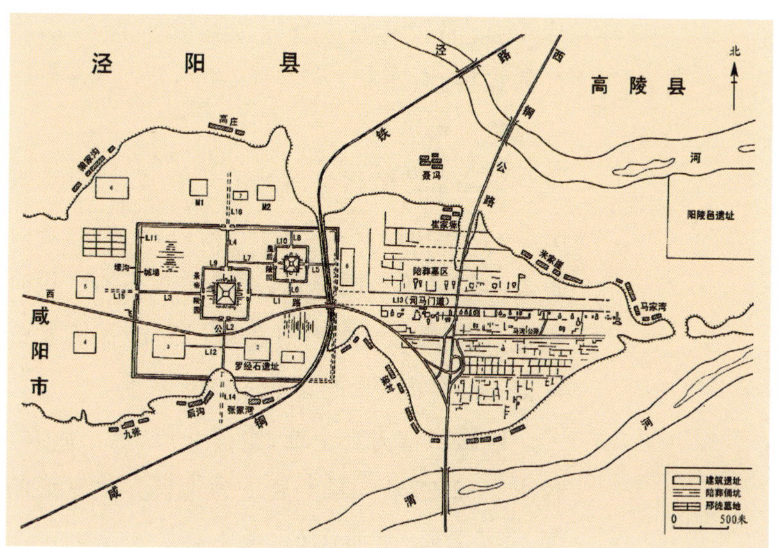

▲汉景帝阳陵平面图

帝陵坐西面东，居于陵园的中部偏西；后陵、南区从葬坑、北区从葬坑、一号建筑基址等距分布于帝陵四角；嫔妃陪葬墓区和罗经石遗址位于帝陵南北两侧，左右对称；刑徒墓地及三处建筑遗址在帝陵西侧，南北一字排列；陪葬墓园棋盘状分布于帝陵东侧的司马道两侧；阳陵邑则设置在陵园的东端。整个陵园以帝陵为中心，四角拱卫，南北对称，东西相连，布局规整，结构严谨，显示了唯我独尊的皇家意识和严格的等级观念。

在阳陵陵园四门以内、封土以外、墓道两侧发现从葬坑81座。坑的宽度绝大多数在3.5米左右，深3米左右。东侧、西侧从葬坑均为东西向分布，主要埋藏有骑兵俑、步兵俑、羊、狗、猪等各种动物俑和陶器、铜器、漆器、兵器、车马器等；帝陵北侧从葬坑为南北向分布，已知有各式兵器、车辆、步兵俑、生活用具等；南侧坑内的遗物尚不清楚。

阳陵帝陵陵园平面为正方形，四边有夯土围墙。四墙中部均有“三出”阙门，三出阙是当时表示陵墓等级的标志，也是最高等级。目前考古工作者已经对南门和东门阙进行了考古发掘，获得了宝贵的第一手的资料。

陵园中部为封土堆，呈覆斗形，上小底大，封土高32.28米。封土底下为地宫。地宫形制为“亚”字形，坐西面东。墓室在封土下的中间部位，因封土堆积过厚，细部结构无法得知。帝陵东南西北各有一条墓道，墓道部分被封土所压，只有部分超出封土。超出封土的墓道平面均为梯形，内大外小。东墓道长69米，东端宽8米、西端宽32米；南墓道长17米，南端宽3.5米、北端宽12米；西墓道长21米，西端宽5米、东端宽18米；北墓道长23米，北端宽1.8米、南端17.2米。墓道内均为五花夯土，土质坚硬，土色红褐或黄褐，夯层及夯窝均不明显。

帝陵的四条墓道探明之后，为了解有无多条墓道，考古工作者沿封土底边的外围一周继续寻找，结果又在帝陵陵园四门以内、封土以外钻探发现了从葬坑81座。东侧和西侧从葬坑均为东西分布，南侧和北侧从葬坑为南北分布。四侧从葬坑与封土的距离除个别外，绝大多数为10米左右，靠近封土的一端东西或南北形成一条直线，与封土底边平行。各坑间距最小是2米，最宽的为7米，一般均为4米左右，坑的宽度3~4米，绝大多数均在3.5米左右。最长的坑超过100米，最短的坑只有4米。坑深3米左右，坑底部距现地表8米，堆积层较厚的达14米。

帝陵东侧共有21座从葬坑，其中墓道以南11座，墓道以北10座，均为东西向，长度5~92米。从葬坑的西部边缘南北处于一条直线上，与封土底边平行。最长的13号坑东端距东墙仅26米。钻探资料表明，此组坑内有骑兵、步兵、动物等各式陶俑，陶、铜、漆器等生活用具及兵器、车马器等。帝陵北侧共发现21座从葬坑，其中墓道以东11座，墓道以西10座，均为南北向，坑长5~95米不等。从葬坑的南端东西呈直线，与封土的北边大致平行。2号坑长95米，其北端距墙22.6米。北侧坑内已知有各式兵器、车辆、步兵俑、生活用具等。帝陵西侧共有20座从葬坑，其中墓道以南9座，墓道以北11座，均为东西向。长度为5~100余米。20座从葬坑的东端除10号坑伸进帝陵封土以内，其余均与封土底边齐平。13号坑长100米，其西端距西墙26.5米。西侧的从葬坑内已知有骑兵、步兵、动物陶俑、陶、铜、漆器等生活用具及兵器、车马器等。帝陵南侧共有从葬坑19座，其中墓道以东10座，墓道以西9座。从葬坑均为南北向。最长的坑为27米，最短坑为8米。南侧的从葬坑均较短，其南端距南墙91米。此组坑内的遗物尚不清楚。东北角的五座坑位于帝陵陵园东垣墙的西侧，呈南北一字形排列，其北端紧贴陵园北垣墙。此组坑内发现有朱砂、漆皮、板灰等遗迹和遗物。

为了解已钻探发现的帝陵陵园81座从葬坑的形制及内涵，1998至1999年对帝陵东侧的13号、11号、19号等从葬坑进行了局部试掘。第

▼阳陵从葬坑示意图

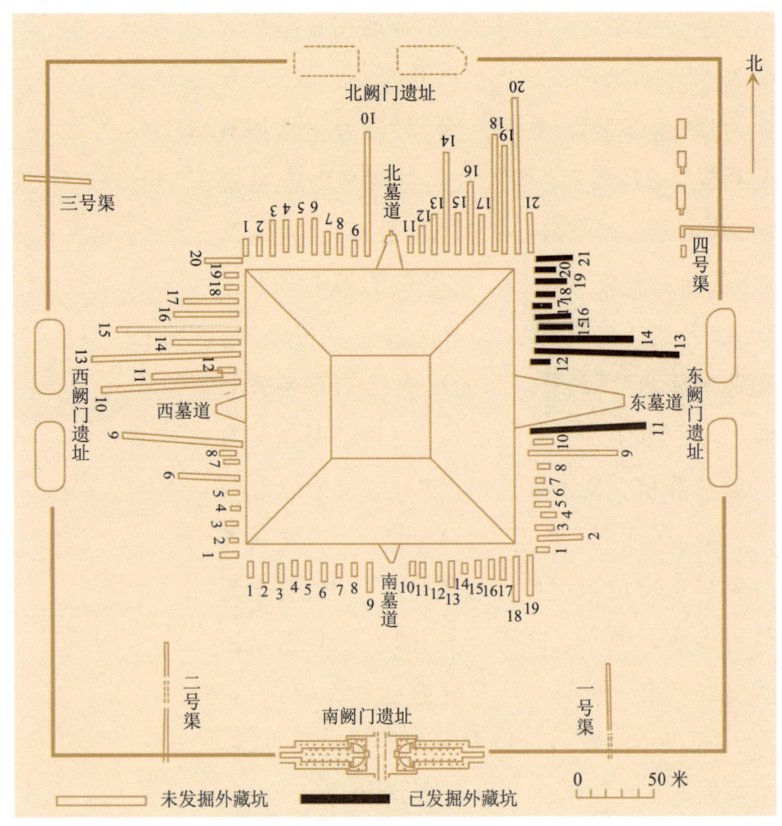

13号坑为竖穴式长条形土圹，东西长92米，南北宽3米，深3米，坑底部距地表约8米。坑体为地下隧道式木结构框架。其构筑方法为：首先在原地面找平，然后逐层填土夯实加高，再从夯土下挖约3米，穿过夯土、黑垆土、直入生土约1.7米。稍加平整后，在坑底部两侧铺上长条枋木地栿，地袱上横铺木地板，地板之上的两侧有立柱，柱间镶有侧枋木，侧枋木上横铺棚木，棚木上部覆盖芦席，其棚木上部高度与坑口齐平，形成一个隧道式的空间。随后放置陪葬品，最后用夯土封门。第11号坑长度为74米，19号坑长20米，其宽度、深度、结构、地层等与13号坑相同或相近。

13号坑上部棚木清理之后，露出了面向帝陵、排列密集的动物陶俑群，22米长的试掘方内按照动物陶塑的种类可分为四个区间。第一区间位于坑的东部，长约7米，均为彩绘陶山羊，共19排，每排14件左右，共计235件。分黑色和橙色两大类。山羊身长0.40米，高0.25米。其躯体肥壮，尾巴上扬，颌下有长长的胡须，神情温顺自然，造型生动逼真，雕塑工艺精湛。第二区间位于第一区间的西侧，长度亦约7米，放置彩绘陶狗28排，每排19~20件，共计458件。陶狗身长0.30米，高0.18米。有雌有雄。从物种上可分为狼狗和家狗两大类。从颜色可分为五种，即黄、白、黑、灰、橙色，部分彩绘陶狗

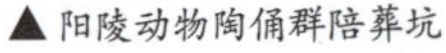
▲阳陵动物陶俑群陪葬坑

嘴唇和鼻子还涂有红色。狼狗竖耳怒目，长尾下垂。家犬短嘴小耳，尾巴上扬。陶狗均躯干粗短，丰满圆润。整体造型比例合度，模、塑、绘工艺精致，达到了形神兼备的程度。第三、第四区间在第二区间的西部，长度相当，均近8米。北半部为第三区间，出土六排33件彩绘陶绵羊，绵羊的颜色分为黑色和橙红色两种，身长0.41米，高0.44米。双耳略垂，腿细长，臀肥大，细尾巴。造型栩栩如生，雕塑生动逼真。位于第三区间南侧的第四区间出土两排54头小乳猪。小乳猪长0.16米，高0.06米，分黑色和白色两种。乳猪竖耳、长嘴、小尾巴，生动逼真，憨态可掬。在此层动物之下尚有木板相隔，木板之下还有一层彩绘陶动物俑。因第一层动物俑未能

▼阳陵陪葬坑陶动物

提取，故详情有待于下层进一步发掘清理。

第11号坑试掘了其中部的24平方米，发现背靠帝陵面向东门的骑兵四列、木车两列，其中木车居中，骑兵分列两侧。发掘出土骑兵俑26件，彩绘木马17件，木车4辆，铜铁质兵器、车马器百余件。

第19号坑试掘面积仅12平方米，出土木马4匹、木车1辆、武士俑20余件、动物俑10件、铜铁质兵器、车马器及陶器等30余件。其排列顺序为木马在前，木车居中，武士俑两边护卫，动物俑及陶器等放置在车后两侧。

此外，在第16号、第18号坑上部的盗洞中清理出“太官之印”、宦者俑等，为确定这些从葬坑的性质提供了重要的线索。

阳陵帝陵南阙门遗址位于陵园南部正中，距帝陵封土120米。1997年进行了发掘，共清理面积3100平方米，发现大型建筑遗址一组两座，出土板瓦、筒瓦、瓦当、脊兽、围棋盘、博具盘、铁夯头等遗物583件。

南阙门遗址由一组两座三出阙相连接构成，三出阙的平面由大小依次递减的3个长方形组成。东西面阔131.5米。门道的两侧为东、西、内、外四塾，平面为长方形，南北19.8米，东西10.7米。塾内地面铺有方砖。四塾的基础为夯筑，土质坚硬，土色黄褐。整个建筑布局规整，左右对称，结构合理，规模宏大，保存较好，

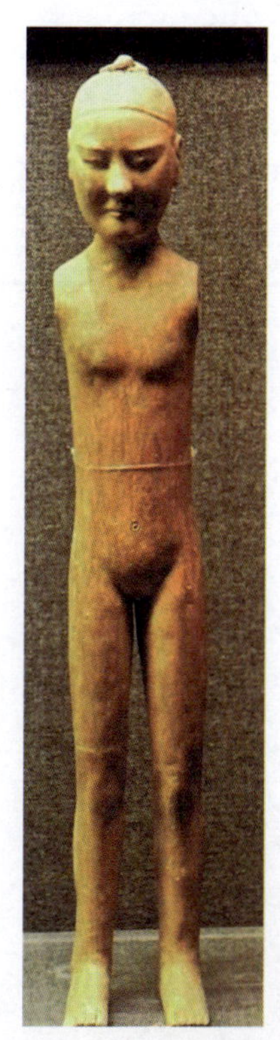
▲阳陵出土的宦官俑

是罕见的汉代建筑珍品。特别是发现的三出阙的实际情形具有重要的意义，是研究古代门阙的第一手资料。阙是中国古代一种重要的建筑类型，古代高等级、高规格建筑物都会有这种建筑形制。其功能包括四个方面：一是观望守卫；二是区别等级、尊卑；三是公布政令；四是思过反省。但是对于建筑物阙的多少，在古代有明确规定，不能随意建造。一般官僚用一对单阙；诸侯、两千石官吏以上用一对二出阙，由一主阙、一子阙构成；皇帝则用三出阙，由一主阙和两子阙构成。过去我们在画像石上看到过三出阙，也发现过后代的三出阙，但真正发掘的最早的三出阙还是阳陵的南门三出阙。

南阙门遗址的塾和主、副阙台，其基础夯土颜色明显不同，塾为黄褐色，主、副阙台呈红褐色，显然不是一次修建。在两部分夯土基础连接处，靠近主、副阙台的一侧施有草拌、白灰面和朱色，可见主、副阙台的年代略早，塾是稍后补建的。主、副阙台的年代与阳陵的修建同期，亦即汉景帝年间。根据《汉书》的记载，汉武帝元鼎三年（前114年），“正月戊子，阳陵园火”。推测塾的补建时间，应在此次火灾之后不久。也就是说塾的补建年代为武帝年间。这一推测，与遗址柱洞中出土的五铢钱和早、晚两期的板瓦、筒瓦、瓦当等建筑材料不期而合。

小资料

宦官

指经过阉割，失去正常性能力后进入皇宫侍奉皇帝及其家族的男性官员，此后亦用以泛指宦者。宦官来源不一，有自宫，因罪被宫，进贡，拐卖、挑选后被强行阉割而成等。史书上对宦官称谓很多，如以曾经阉割称为阉宦、刑臣；以任职宫中称为内侍、中官；以官职称为军容、太监；以服饰称为貂，尊之为公公，贬之为宦孽等。

▲阳陵南门阙复原

为了反映汉景帝阳陵南门阙的雄伟气势，文物工作者已对南门阙进行复原，供游人参观。

阳陵的王皇后陵园平面位于阳陵的东北部，亦为正方形，边长347.5~350米。四边亦有夯土围墙，四墙中部均有门。封土堆位于陵园中部，呈覆斗形，上小下大，高26.49米。封土底边距各门距离均为110米。后陵形制亦为“亜”字形，坐西面东。东南西北各有一条墓道，东侧墓道最长、最宽。封土外围亦有从葬坑。

南区从葬坑位于帝陵东南、后陵正南。从葬坑范围东西320米，南北300米。共有从葬坑24条，长25~291米不等，宽多为4米。平面形状有长条形和“中”字形两类，均为南北向。24条从葬坑成东西向14行排列，每行坑数为1~6座，行距20米。其整体排列似有一定规律，即坐西面东，南北对称。北区从葬坑位于帝陵西北，

除坐南面北外，其面积、坑数、行数、排列均同南区。1990年~1997年，先后对南区的14座坑进行了部分试掘或整体发掘。这些坑中有排列密集的武士俑群，有堆放粮食的仓库，还有牛、羊、猪、狗、鸡等陶质动物及成组的陶、铁、铜质生活用具，全面展现了汉代军旅场景，可能与西汉当时的“南军”、“北军”有一定关系。

罗经石遗址位于帝陵东南。此处地形隆起，外貌呈缓坡状。根据考古钻探得知，遗址平面近方形，边长约260米，外围有壕沟环绕。遗址中心部分的最高处放置着一块方形巨石，俗称“罗经石”，用整块黑云母花岗岩雕凿而成，南北长183厘米，东宽180厘米，厚40厘米。石板上部加工成直径140厘米的圆盘，表面刻有十字凹槽，槽宽、深2.3厘米左右，经测定为正南北方向。据研究推测，它可能为修建阳陵时标定水平、测量高度和标示方位之用，是目前世界上发现的最早的古代测量

▼阳陵陪葬坑陶俑

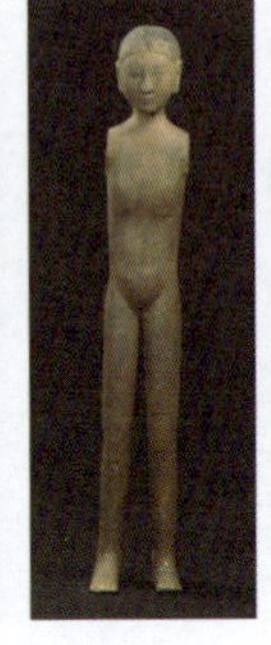

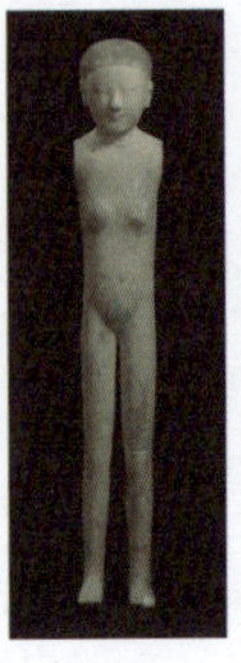

标石。在对遗址的试掘中发现，遗址中部是一夯土台，应为主体建筑的台基。基址边长54米，共有12个门，每边3个门，四周有砖铺地面、卵石散水、四神空心砖以及瓦片堆积层等遗物。这片建筑遗址地势高亢，布局规整，规模宏大，应该是阳陵陵园中最重要的礼制性建筑之一。

刑徒墓地在景帝陵西北约1.5千米处。秦汉之际，帝王陵墓的修建工程主要由刑徒来修筑完成。据文献记载，秦始皇曾调集70万人修建其陵墓。其中就有来自全国各地的劳动者，也包括一些刑徒。在秦始皇陵就发现了几处刑徒墓地，他们生前为秦始皇修陵，死后被草草埋在陵园中。《汉书·景帝纪》载景帝曾“赦徒作阳陵者，死罪欲腐者，许之”。阳陵刑徒墓地在20世纪70年代初被发现，其面积达8万平方米，估计葬于此地的刑徒在万人以上。1972年发掘了其中的29座墓葬，发现了35具人骨架，其墓葬排列无序，尸骨凌乱，相互枕藉，埋葬草率，均无陪葬品。骨架上大多戴有“钳”、“钛”等类铁制刑具，有的还有明显的砍斫痕迹。

1997年~1998年，对位于阳陵陵园东部的陪葬墓区进行了考古钻探和发掘清理，发现了规模巨大、数量众多、围沟完整、排列有序的陪葬墓园群。该墓园区西起帝陵东侧约1100米处，东到马家湾乡米家崖村塬边。全长2350米，南北宽1500米，总面积约3.5平方千米。其东、西

小资料

罗经石之谜

学界普遍认为，曾被测绘部门确定为世界上年代最早的测量标石——汉阳陵的“罗经石”，不单单是一块建筑用的测量标石，更应是一处大型礼制性建筑的重要构件。一种观点认为是“社”；另一种观点则认为，“罗经石”遗址的平面建筑型制与汉长安城的祭祀性建筑明堂和辟雍十分相似。同时，也有的专家则认为它很可能是汉阳陵陵庙——德阳庙的建筑物之一。

▲阳陵出土的刑具

▲阳陵发现的围棋盘

各有南北向壕沟一条，作为陪葬墓葬区的东西界限。西侧壕沟已探明长440米，宽近8米，深6.2米。东侧壕沟长570余米，宽近40米，深约10米。中部有横贯陪葬墓区的东西向道路一条（司马道），西起帝陵陵园东阙门，向东直通阳陵邑。司马道南北宽110米，东西长3500米，路土厚0.1~0.24米，路土距地面0.70米。司马道的南北两侧排列有数量众多的陪葬墓园。墓园平面多为正方形，少数为长方形。墓园内有数量不等的墓葬和陪葬坑。墓园之间有壕沟分隔。目前钻探发现由壕沟分隔而成的陪葬墓园16排107座。其中司马道南侧10排92座，北侧6排15座。这些墓园东西成排，南北成列，呈棋盘状分布。墓园内已探明了各类大中小型墓葬5000余座。考古专家对其中位于司马道南侧的部分古墓葬进行了清理。实际发掘汉墓280座，包括竖穴土圹墓9

座，竖穴土洞墓158座，斜坡墓道土洞墓77座，斜坡墓道竖穴土圹墓3座，竖穴墓道砖室墓11座，斜坡墓道砖室墓22座。汉墓中出土各类文物5000多件，其中有锺、钫、罐、仓、灶、鼎、钵等陶器1283件，以锺、钫、镜、带钩、车马器、弩机、印章、小铜饰等为主的铜器772件，半两、五铢、大泉五十、小泉直一等各类铜钱2923件（组），铁剑、铁斧、铁灯、环首刀等铁器212件，玉圭、玉含、玉蝉、玉塞等小件玉器54件，骨、蚌、石、漆器等102件。

截至目前，阳陵已发掘出土铜、铁、金、玉、石、陶、漆、木、骨、蚌、丝、麻各类器物及麦、粟、菽、黍等各类粮食标本等文物近5万件，其中数量最多、最具特色的是包括各类陶俑和陶塑动物在内的陶塑制品。

由于阳陵陶俑大部分为所谓的裸体俑，所以这些陶俑的身份、地位亦即其类型难以确定，但就其制作工艺、出土的位置、携带或附着的物品、身着的衣物及陶俑的形态姿势等分析，阳陵陶俑种类是十分丰富的。

根据其制作工艺的不同，阳陵陶俑可分为着衣式（即裸体俑）和塑衣式两大类。着衣式陶俑出土于帝陵从葬坑、南区从葬坑和个别大型陪葬墓的从葬坑内。塑衣式陶俑多在一号建筑遗址和大中型陪葬墓中出土。结合近年来汉惠帝安陵、武帝茂陵、宣帝杜陵附近及汉

长安城的制陶作坊等处考古发现，可以初步确定当时这种陶躯木臂、赋彩着衣的着衣式陶俑可能是专为皇室随葬的级别较高的陪葬品。而一般的贵族大臣在未经皇帝特赐的情况下不得使用此类陶俑，只能陪葬带陶塑服饰的“塑衣式”彩绘俑。

▲着衣式裸体俑

根据性别分类，阳陵陶俑的性别除了男性和女性外，还发现了宦者俑。在秦始皇陵长达30多年的考古发掘工作中，先后发现和出土的陶俑数千余件，但是就其性别来讲，仅发现有男性，尚未见到女性和宦者俑。阳陵女性和宦者俑的出土不仅补全了秦汉陶俑的性别类型，而且由于阳陵出土的宦者俑是我国目前发现最早的同类实物资料，因而对中国古代宦官制度史的研究具有重要价值。

▲塑衣式彩绘俑

就陶俑的形态讲，现已发现有立俑、拱手

立俑、执物立俑、跽坐俑、俯身俑、舞蹈俑、驭车俑、奏乐俑、行走俑、骑马俑等。就其身份可分为将军俑、步兵俑、骑兵俑、宦者俑、门吏俑、侍女俑、伎乐俑、驭手俑等。总之，可以认为阳陵陶俑品种丰富、门类齐全、数量极多，作为地下陵墓中的随葬品，这些陶俑应是除了皇家以外西汉社会各个阶层的代表，具有相当高的研究价值。它是汉代社会生活的全面反映，而不像秦兵马俑仅是秦军事生活的反映。因此，笔者认为从严格的意义上来讲，阳陵的陪葬坑并不能称为兵马俑。

▲阳陵穿铠甲的陶俑

阳陵陶塑动物主要有马、牛、羊、狗、猪、鸡等。这些动物俑为畜类，但其制作工艺也相当讲究，它既经过了类似塑衣式陶俑模制、加塑、焙烧、着色等加工工序，亦采用了着衣式陶俑制作中的雕琢、组装等工艺（牛、羊、马等的犄角、尾巴为木制组装）。阳陵的陶塑动物种类繁多，栩栩如生，极富生活情趣。陶牛身壮体硕，四腿强健，颈部粗短，双耳斜伸，两眼外鼓，体现一股倔强有力的牛气。陶绵羊躯体浑圆，双腿细长，两耳斜垂，口微张，臀肥大，尾下垂。陶山羊身躯圆润，腿直如柱，竖耳，胡须下

垂，小尾上翘，神态安详，呈现出一副温顺可爱之态。陶猪膘肥体壮，四肢矮粗，大腹下垂，腹下有两排乳头，脖颈粗短，长嘴大耳，憨态可掬。陶犬分狼犬、家犬两种。狼犬两耳斜竖，双目虎视前方，嘴巴较细长，两腮外鼓，脖颈较短，身躯壮实，四肢有力，长尾下垂。家犬两耳直竖，双目略外鼓，嘴巴较粗短，身躯肥硕，四肢粗壮，尾巴上卷。二犬造型刻画传神，给人以凛然不可侵犯之神态。陶鸡分雌雄两种。通体彩绘，色彩鲜艳。雄鸡昂首翘尾，长喙小眼，朱红色高冠，黑、红、黄三色羽毛。母鸡形体较小，尾巴较短，头部无高冠，神形俱佳、惟妙惟肖。阳陵陶塑动物数量之多，造型之美，是前所未见的。

考古发掘出土的文物，是一个时期政治、经济、文化生活最直接、直观的反映，也是对古代文献记载不足的补充。具有“东方维纳斯”

▼阳陵陶塑动物

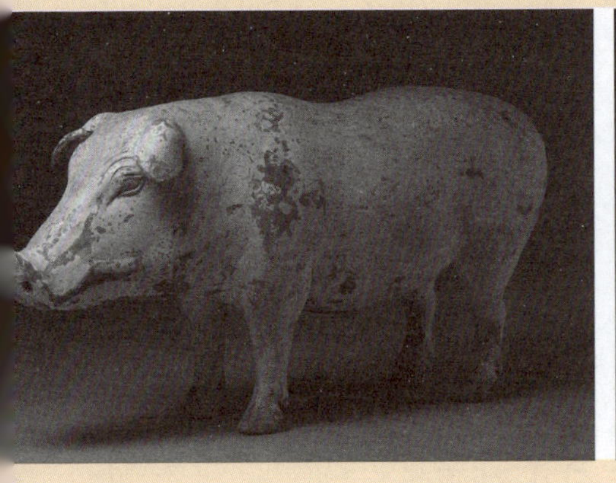

之称的阳陵汉俑，体现了当时社会文化生活中多元、丰富的审美以及积极向上的精神风貌。在汉代各型墓葬的随葬品中，裸体陶俑出土不多。汉景帝阳陵出土的陶俑是目前所见此类俑中时代最早的，把流行此式俑的时间提前了百余年。阳陵汉俑裸体着衣，体量适中，艺术概括力强。在宽松欢洽的气氛中，阳陵汉俑形象生动，表情“喜”多于“忧”。阳陵汉俑体躯修长，有点苗条有余而丰盈不足，但比例匀称，各部合度，肌肉平滑圆润，也不乏胸腔宽大的健壮形象 。

头部是人体或动物体最能传达情感和特征的部位，通常都是艺术家努力表现的关键地方。阳陵汉俑俑头塑造的艺术性更高。五官端正、面相多样、和颜悦色、神采飞扬是阳陵汉俑给人最深刻的印象。与秦兵马俑相比较，阳陵汉俑更为活泼生动，表现手段更加多样化。阳陵俑除陶制的身躯之外，还附加以木制的可以转动的双臂，从而增加了俑体的动感；另外又给陶木组成的俑体穿上丝绸衣服，进一步增强其动感……值得一提的是，阳陵汉俑制作者对于俑体生理特征的表现，在秦俑里是没有的。这种表现形式上的不同，不仅反映了秦汉时代人们思想方法、审美情趣的变化，同时也是当时人们生活的高度写实。诚如王学理先生所言：“以高度成熟的写实主义手法塑造活生生

小资料

汉代乐舞

汉代是舞蹈艺术重大发展的时期。当时的中国与西方交通道路已开，南亚及中东文化亦渐渐流入中国。在新的时代精神激荡下，汉代的乐舞冲出了古乐舞的羁绊，民间舞蹈畅通地走进宫廷，百戏技艺空前兴盛，北方乐舞与南方乐舞亲密交融，汉族乐舞与外夷乐舞相互综合，我国舞蹈艺术的发展进入到第一个高峰时期。

▲阳陵乐伎俑

的艺术形象，是阳陵汉俑最大特色之所在。”阳陵汉俑反映了汉景帝时代人们的社会生活较之秦代有了更大突破，已经从传统法制的严酷统治下摆脱出来走向一种和谐，展现了宽松政治环境下人们生活中的乐趣。汉俑“喜”的表情、神采飞扬的面相也体现了一种较为健康、明朗的精神面貌，这种面貌正是那个时代大背景之下人们真实生活的反映。在阳陵南区从葬坑中还发掘有配备兵器的木质车马以及盛放有陶牛、猪、狗、羊等动物模型的木栏、木箱。此外还有铜质度量衡器、彩绘漆盘以及饮食用具。这些文物的出土也从一个角度反映了当时丰富的文化生活。

阳陵邑位于帝陵的东方，规模十分庞大，在面积近80万平方米的发掘范围内，发现规整的网状道路30余条，呈棋盘状的古代居民建筑里坊多处及储水池等重要遗迹，同时出土文物万余件。

汉景帝阳陵的考古工作取得了很大的成

绩，从而使人们对汉代帝陵的形制、布局有了一个比较清楚的认识，在考古学界被称为“阳陵模式”，解决了许多学术问题，大大推动了对汉代帝陵的研究。一座现代化的阳陵博物馆已经建成并对外开放。

4. 武帝茂陵

茂陵位于今陕西省兴平市东北原上南位镇的东南部，西距兴平市12千米，东距咸阳市15千米。其北面远依九嵕山，南面遥屏终南山。东西为横亘百里的“五陵原”。此地原属汉时槐里县之茂乡，故称“茂陵”。

汉武帝登基之初，汉朝建立已经有60多年了。经过汉初的“文景之治”，天下安定，朝廷大臣们都希望天子举行祭祀泰山和梁父山的封禅大典，改换确立各种制度。汉武帝崇尚儒家的学说，就通过贤良方正的科目招纳贤士。窦太后去世后，汉武帝才得以掌握大权。于是他进行了一系列改革。

在政治上，他进一步加强中央集权，削弱诸侯王的势力，颁布大臣主父偃提出的推恩令，以法制来推动诸侯王分封诸子为侯，使诸侯王的封地不得不自我缩减。同时，他设立刺史，以监察地方。将冶铁、煮盐、酿酒等民间贸

易由中央管理，禁止诸侯国铸钱，使得财政权集于中央。武帝用人唯才是举、不拘一格。如皇后卫子夫是从奴婢中选拔出来的；卫青、霍去病分别是从奴仆和奴产子中选拔出来的；而丞相公孙弘、御史大夫儿宽、严助、朱买臣等人都是从贫苦平民中选拔上来的；御史大夫张汤、杜周和廷尉赵禹则是从小吏中选拔出来的。尤其值得注意的是汉武帝任用的一些将军是越人、匈奴人。而金日磾这样一位匈奴的俘虏、在宫中养马的奴隶，竟然与霍光、上官桀一起被选拔为托孤的重臣。这些情况说明汉武帝选拔人才是不受阶级出身与民族差别限制的。正因如此，汉武帝时期人才济济。班固在《汉书》就惊叹地说："汉之得人，于此为盛。"

▼茂陵博物馆

在思想上，他采用董仲舒“罢黜百家，独尊儒术”的建议，为儒学教育在中国古代的特殊地位铺平了道路，在长安创立专门的儒学教育机构——太学，是当时的最高学府。在宣扬儒学的同时，汉武帝亦采用法规和刑法来巩固政府的权威和显示皇权的地位。因此，汉朝的统治应该是以儒为主、以法为辅、内法外儒的一种体制。

在军事上，汉武帝先平定南方闽越国的动乱。后开始着手以军事手段代替带有屈辱性质的和亲政策，以此来彻底解决北方匈奴的威胁。派名将卫青、霍去病3次大规模出击匈奴，收河套地区，夺取河西走廊，设立了河西四郡。征服西域，封狼居胥，将当时汉朝的北部疆域从长城沿线推至漠北。在对匈奴战争的同时，采取和平手段和军事手段使西域诸国臣服。丧失肥沃茂盛的漠南地区后，匈奴王庭远迁漠北，这就基本解决了自西汉初期以来匈奴对中原的威胁，为后来把西域并入中国版图奠定基础。两次派张骞出使西域，打通了丝绸之路，使汉文化广播国外，也把异域文化带进了中国。

但是汉武帝晚年偏听偏信，导致统治阶级之间出现了“巫蛊之祸”，太子刘据被杀。汉王朝的内部斗争极大地削弱了国力，从此汉王朝开始走下坡路。汉武帝晚年尚能觉悟，颁布了

▲汉武帝像

"罪己诏",改弦更张,才挽救了汉王朝的命运。

由于汉武帝时期的文治武功,汉王朝国家强盛,经济繁荣,因而在西汉的11座帝陵中,规模最大的当数汉武帝的茂陵。在中国历史上,如此规模浩大的皇帝陵,只有秦始皇的"丽山"陵方能与之相比。陵封土高46.5米,顶端东西长39.25米,南北宽40.6米。据《关中记》载:"汉诸陵皆高12丈,方120丈,惟茂陵高14丈,方140丈。"上述记载与今测量数字基本相符。陵园四周呈方形,平顶,上小下大,形如覆斗,显得庄严稳重。

20世纪40年代,一位美国飞行员在执行飞行任务的途中,在西安的西北方向意外看到了类似于金字塔的建筑,他把这些建筑称为"东方的金字塔"。他和他的飞行队员由于并不知道是汉代帝陵,所以只把这些建筑当作导航地标,这个"金字塔"就是汉武帝刘彻的茂陵。

公元前139年,茂陵开始营建,至公元前87年竣工,历时53年,是汉代帝陵中修建时间最长的。《晋书·索琳传》云:"汉天子即位一年而为陵,天下贡赋三分之一,一供山庙,一供宾客,一充山陵。"也就是说,汉武帝动用全国赋税总额的1/3，作为建陵和征集随葬物品的费用。建陵时曾从各地征调建筑工匠、艺术大师3000余人，工程规模之浩大，令人瞠目结舌。汉武帝的梓宫，是五棺二椁。五层棺木，置于墓室后部椁室正中的棺床上。墓室的后半部是一椁室，它有两层，内层以扁平立木叠成“门”形。南面是缺口，外层是黄肠题凑。五棺所用木料，是楸、梓和楠木，这三种木料，质地坚细，均耐潮湿，防腐性强。梓宫的四周，设有四道羡门，并设有便房和黄肠题凑的建筑。便房是模仿活人居住和宴飨之所，将其生前认为最珍贵的物品殉葬于墓中，与死者一起，以便死者在幽冥中享用。“黄肠题凑”是以柏木黄心，致累棺外，故曰“黄肠”。木料皆内向，故曰“题凑”。汉武帝死后所做的黄肠题凑，表面打磨十分光滑，颇费人工，要由长90厘米、高宽各10厘米的黄肠木15880根堆叠而成。

公元前87年，汉武帝死后，入殡未央宫前殿。据《西京杂记》记载：“汉帝送死皆珠襦玉匣，匣形如铠甲，连以金缕。”梓宫内，武帝口含蝉玉，身着金缕玉匣。“匣上皆镂为蛟龙弯凤鱼麟之像，世谓为蛟龙玉匣。”汉武帝身高体胖，其所穿玉衣形体很大，全长1.88米，以大小玉片约2498片组成，共用金丝重约1100克。

茂陵的地宫内充满了大量的稀世珍宝。《汉书·贡禹传》云：“武帝弃天下，霍光专事，

小资料

金缕玉衣

金缕玉衣是汉代规格最高的丧葬殓服，大致出现在西汉文景时期。汉代人认为玉是“山岳精英”，将金玉置于人的九窍，人的精气不会外泄，就能使尸骨不腐，可求来世再生。所以用于丧葬的玉器在汉代占有重要的地位。

▲茂陵鎏金铜马

妄多藏金钱财物，鸟兽钱鳖牛马虎豹生禽，凡为九十物，尽瘗(yì)藏之。”《新唐书·虞世南传》也载：“武帝历年长久，比葬，陵中不复容物。”从以上记载可以看出，因为汉武帝在位年久，又处在经济繁荣的鼎盛时期，所以随葬品很多，连活的牛马、虎豹、鱼鳖、飞禽等，也一并从葬。另据记载，康渠国国王赠送汉武帝的玉箱、玉杖，以及汉武帝生前阅读的30卷杂经，盛在一个金箱内，也一并埋入陵墓之中。

汉武帝下葬后未得安宁，据《后汉书》记载，当年农民起义军赤林军攻占长安后，焚烧了皇宫，又“发掘诸陵，取其宝物”。茂陵中的宝物，搬了几十天，“陵中物仍不能减半”。后来起义军没有钱用时，再一次盗挖了茂陵。而在东汉末年，董卓也盗挖过茂陵。在进入茂陵时他叮嘱吕布，注意寻找一种专治哑巴的秘方，原来他的孙女董白是个哑巴。唐末黄

▼茂陵四神纹玉铺首

巢起义时也“光顾”过茂陵。民国时期，军阀孙连仲在陵上修筑战壕，被怀疑实为盗墓。但是，这些盗墓说法，并无具体文字记录，茂陵地宫中的宝物到底有多少谁也说不清。

茂陵的各类陪葬坑数量经过勘探，已经达到400多个，比秦始皇陵发现的还多。1981年发掘的茂陵陪葬墓从葬坑出土的230多件“阳信家”用物，以铜器居多。鎏金铜马和鎏金银铜节熏炉是西汉青铜器中的精品，反映了当时高超的金属冶铸技术，为研究汉代社会提供了重要的实物资料。

茂陵陪葬墓和其他汉陵的陪葬墓的奇异之处在于都有“象征”的说法和意义。例如霍去病墓，“为冢像祁连山”。霍去病18岁随大将军卫青出征，讨伐匈奴，屡战屡胜。特别是在河西走廊、祁连山一带，纵横驰骋，决战千里，将匈奴主力横扫无遗，为汉武王朝开拓西北边疆立下辉煌战功。从而也彻底开通了通往西域的丝绸之路。公元前117年，24岁的大司马骠骑将军霍去病去世了。汉武帝为彰显其克敌服远、英勇作战、扩充疆土之意，特调来玄甲军，列成阵沿长安一直排到茂陵霍去病墓地。其冢像“祁连山”，以表彰他的威震匈奴不朽功勋。霍去病墓底部南北长105米，东西宽73米，顶部南北长15米，东西宽8米，占地面积5841平方米。在霍去病墓上雕刻各种巨型石人、石兽作为墓地装饰。

这些大型石刻有马踏匈奴、卧马、跃马、石人、伏虎、卧象、卧牛、人抱熊、怪兽吞羊、野猪、鱼等16件。尤以马踏匈奴最为有名。

这批石刻题材新颖、生动逼真、雕刻简练浓厚，集中体现了汉初沉雄、博大的时代精神和艺术风格，是我国目前保存的古代成组大型石刻艺术的杰作，在中国美术雕塑史上占有非常重要的地位。1995年，国家文物局派出专家组对霍去病墓纪念碑式的巨石群雕进行鉴定和审评，依其每件石雕文物的历史价值、研究价值、艺术价值和观赏价值，这16件石刻中，鉴定为国宝级的达12件之多。

▼茂陵石刻

卫青墓，“起冢像卢山（阴山）”。卫青是霍去病的舅舅，为汉武帝时大司马大将军，用兵敢于深入，奇正兼擅，七出匈奴而不败，与霍去病并称为“帝国双壁”。卫青首次以骑兵长途奔袭，是这一战术的开创者，开启了汉对匈奴战争的新篇章，立下了赫赫战功。卫青虽然战功显赫，权倾朝野，但从不结党。他对士卒体恤较多，能与将士同甘苦，威信很高，在《史记》中留下了“虽古名将弗过也”的极高评价。公元前106年，卫青去世，谥号烈侯，陪葬于茂陵。

▲茂陵石伏虎

茂陵的修陵人墓地位于茂陵陵园以西约4千米的南位镇陈王村南。20世纪70年代，当地群众在平整土地时发现大量戴铁制刑具的骨架。据当时在场的人讲，这些骨架埋葬凌乱，头向不一，有的甚至几具骨架叠压在一起，还有个别为半跪半蹲姿势。茂陵博物馆收藏有少量当年在此采集的铁刑具。根据调查和钻探，在大约4万平方米的范围内发现了大量埋葬密集的小型墓葬。这些墓葬长1.8~2.0米，宽0.4~0.6米，深约2.0~3.0米，墓葬间隔0.2~0.5米，按此密度推算，估计这片墓地埋葬尸骨在2万具以上。

5. 昭帝平陵

昭帝平陵，位于陕西省咸阳市西北大王村附近、咸阳原西端。汉昭帝刘弗陵葬于此。

刘弗陵是武帝最小的儿子，少年聪慧，很得武帝的喜爱。当武帝病重、打算立他为太子时，却担心他年龄幼小，可能会出现母后专权的局面，于是先逼死了他的生母赵婕妤，然后才立他为太子。武帝死后，年仅8岁的刘弗陵当上了皇帝，由霍光、桑弘羊等辅政。在位期间，镇压了兄姊和上官桀、上官安的叛乱，多次下诏削减国家的财政支出，减免百姓的田租田赋，继续推行“重本抑末”政策，移民屯田，多次派兵击败匈奴与乌桓的侵扰，加强了边防。一系列措施居然使武帝晚年动荡不安的局面逐渐稳定下来。公元前74年，“夏四月癸未，帝崩于未央宫，六月壬申，葬平陵”，终年21岁。

由于昭帝突然发病死去，这使得主管帝陵营建的官员非常狼狈，因为他的陵墓还没有认真营建，于是赶快租用了3万辆牛车，从渭河滩拉沙，构筑地下墓室。仓促归仓促，然而昭帝平陵的随葬品仍是十分丰富的。当时由霍光主持昭帝丧事，墓室中金银珠玉应有尽有。

平陵封土堆高32米，形如覆斗，其地宫有四个墓道，呈“亚”字形。平陵陵园呈正方形，钻探发现四面皆有夯筑垣墙，现地面无存。垣墙宽4~6米，垣墙边长400余米，四面正中各有阙门，与陵冢相对。现东、南二门阙犹存。陵园西北角有面积较大的建筑遗址，残存大量汉代砖瓦，还有方形沙石质柱础和砖砌八角形水井，估计是守陵人员的居室。

上官皇后陵园和封土的形制与平陵相同。陵园稍小，垣墙宽4~6米。垣墙四面中部开有门阙，以东门阙最为宽大。封土位于陵园中部，底面边长160米，顶面边长45~48米，高30米。钻探仅于封土外东面发现墓道一条，墓道长57米，宽12~22米。上官皇后是霍光的外孙女(前87年~前37年)，她虽贵为皇后，其实也很不幸。她6岁入宫当皇后，15岁时昭帝死去，此后一直比较孤独，于52岁病死，合葬平陵。

在昭帝与上官皇后的陵园中间，有一条宽5米的道路，将两陵连接起来。考古工作者在路的两侧分别发现了东西向排列的成组玉器，每一组相距约2米，均由玉璧和玉圭组合而成，每

▼昭帝平陵

组都是中间放一枚玉璧，四周均匀围绕七八个玉圭，圭尖一致朝向中央的玉璧。这些玉器肯定是为当时的祭祀而埋。

2001年，陕西省考古研究院和咸阳市考古所对西汉平陵进行了大面积的考古钻探和局部发掘，探测到了大量的从葬坑。这次发掘了3个从葬坑，其中一座东西向，长105米，坑内发现60匹朱漆木马，同时出土的还有戈、镞、剑、弩机等铜铁兵器。另两座均为南北向坑。其中的一座长59米、宽2.3米、深3米，北端入口处为一斜坡道，坑道两侧对称开凿了54个洞室，洞室平均高0.9米、宽0.8米、进深2.8米。每个洞室内有一具高大粗壮的哺乳类偶蹄目动物骨骼，经鉴定有牛马和骆驼。另外一座长15米、底宽3.9米、深2.44米，北端有踏步，坑底清理出木车5乘，其中一乘为四双峰木骆驼驾车，另一乘为四羊驾车。

骆驼的出土是一个重要发现，是陕西乃至中原地区发现最早的，对了解汉代丝绸之路和中外文化交流具有十分重要的意义。骆驼是当时丝绸之路上的重要运输工具，原产阿拉伯、中亚细亚和我国北方沙漠地区。汉武帝派张骞出使西域才将骆驼带入中原，从而见证了汉代丝绸之路的繁荣景象。

平陵陵邑位于陵园东北，今李都村、庞村一带。《汉书·宣帝纪》载：本始元年（前73年）正月，“募郡国吏民訾（zī）百万以上徙平陵”，第

小资料

丝绸之路

最早由德国地理学家李希霍芬提出。是指起始于中国，连接亚洲、非洲和欧洲的古代陆上商业贸易路线。这是一条东方与西方之间经济、政治、文化进行交流的主要道路。2014年6月22日在卡塔尔多哈进行的第38届世界遗产大会宣布，中、哈、吉三国联合申报的“丝绸之路：长安—天山廊道的路网”成功申报世界文化遗产，成为首例跨国合作、成功申遗的项目。

二年又“以水衡钱为平陵，徙民起第宅”。今在陵邑遗址内发现当年制骨、制陶作坊遗迹和部分建筑遗址，出土较多有火烧和锯过痕迹的骨料及板瓦、瓦当、残陶器、铜鼎、铁铧、镢、镂角、逼土等。遗址内汉瓦残片比比皆是，俯首可拾。由此推测，当年陵邑内建筑必是栉比鳞次，相当繁华。

▲平陵陪葬墓群

平陵东南是汉昭帝“徘徊庙”遗址，庙建筑在一个高3米的夯土台上。今台上仍有汉代板瓦和筒瓦、方格纹方砖、凤纹空心砖、“长生无极”瓦当等。平陵东侧是陪葬墓群，今封土保存较完整的有11座，保存较差的12座（其中1座在陵北）。据文献记载，陪葬平陵的有夏侯胜、朱云、窦婴、张禹等，但具体名位难考。

6. 宣帝杜陵

杜陵在今西安市东南郊少陵原上，之所以没有埋在咸阳原上，是因为汉宣帝生前很喜欢这里，常来此游玩的缘故。

汉宣帝即刘询，原名刘病已，生于汉武帝征和二年（前91年），是汉武帝和皇后卫子夫的

曾孙，戾太子刘据和史良娣的孙子，史皇孙刘进和妾王翁须的儿子。巫蛊之祸时，尚在襁褓中的刘询曾被下狱，后被祖母史家收养，直到汉武帝下诏掖庭养视，才上属籍宗正。元平元年（前74年）昌邑王刘贺被废后，霍光等大臣将他从民间迎入宫中，先封为阳武侯，并于同年7月继位皇帝，时年17岁。因此，他是中国历史上唯一一位在即位前受过牢狱之苦的皇帝。

由于刘询幼年遭遇变故，长期生活在民间，因此对百姓的疾苦和吏治得失有所了解，这对他后来的施政产生了直接影响。他励精图治，任用贤能，因此贤相循吏辈出；能注意减轻人民负担，恢复和发展农业生产；重视吏治，认为治国之道应以“霸道”、“王道”杂治，反对专任儒术；在对外关系上，曾联合乌孙打击匈奴，设置西域都护府监护西域各国，使天山南北这一广袤地区正式归属于西汉中央政权管辖。正因为如此，当时全国政治清明、社会和谐、经济繁荣、“吏称其职，民安其业”，史称“宣帝中兴”。

▶ 宣帝杜陵

公元前49年，刘询因病死于长安未央宫，在位25年，享年43岁，谥号孝宣皇帝，庙号中宗，葬于杜陵。

▲杜陵玉杯

中国社会科学院考古研究所对汉宣帝陵和孝庄王皇后陵的陵墓、陵园、寝园及杜陵的陵庙、陵邑、陪葬坑和陪葬墓进行了考古勘察，并对帝陵陵园东门和北门遗址、寝园的寝殿遗址、一号和四号陪葬坑进行了考古发掘。

杜陵封土底部边长175米，顶部边长50米，高29米。陵墓居陵园中央，四面正中各有一条墓道通向地宫。四条墓道的大小、形制基本相同。墓道底部为斜坡墓道，均填土夯筑。陵墓周围筑有墙垣，四面墙垣正中各辟一司马门。陵冢东南575米为王皇后陵，其封土及陵园形制与杜陵相近，只是规模较小，建筑也较简陋。汉宣帝杜陵东门遗址距封土120米，由门道、左右塾、左右配廊、散水等组成，布局规整，结构合理。帝陵寝园遗址位于杜陵东南，寝园四周筑墙垣，平面为长方形，占地20 880平方米。寝园内发现寝殿和便殿两大组建筑遗址。寝殿是寝园的主体建筑，位于寝园西部，大殿建在长方形的夯土台基上，用以祭祀。便殿在寝殿以东，是一组多功能的建筑群，由殿堂、院落和成套的房间组成，供存放皇帝衣履器物和祭祀者

▲杜陵玉舞人

休息闲宴之用。在杜陵东北还发现了可能是陵庙的遗址。杜陵从葬坑发掘面积虽小，但出土的数以百计的裸体陶俑和车马器、兵器、金饼、建筑材料以及其他铜器、陶器、漆器等，显示出西汉帝陵极为丰富的埋藏内涵。杜陵既对西汉前期帝陵礼仪制度有所承袭，又有所创新，对后代帝陵发生一定的影响，在汉代帝陵中具有代表性。

杜陵的勘探发掘使我们对汉代帝王陵墓的陵区以及礼制建筑的布局、形制有了清楚的认识，表明了西汉帝陵是当时都城长安的缩影，其陵园形制、布局是仿照都城进行建造的，使我们对汉代帝陵有了直观的了解。

杜陵陪葬墓现有封土者62座，分布在杜陵东南、东北和北部3处，其中以东南的数量较多，规模较大，分布密集，排列有序。根据文献记载，陪葬的有大司马车骑将军张安世、丞相丙吉、建章卫尉金安上、中山哀王刘竟等。

前几年，在杜陵发现了一批玉器，有3件高足玉杯和相连在一起的一对圆雕玉舞人，均属汉宣帝御用品。其中，高足玉杯是迄今发现的汉代等级最高的玉杯。

7. 西汉帝陵特点

从上可以看出，西汉帝陵的形制有两类：一类是霸陵依山为陵的形式，墓葬开凿于山崖中，不另起坟丘。其他10陵则属于另一类，都筑有高大的覆斗形夯土坟丘，一般底部150~170米见方，高20~30米，以武帝茂陵坟丘最大。从阳陵开始，在帝后坟丘的四周筑平面方形的夯土垣墙，每面垣墙的中央各辟一门，门外立双阙。这种围坟丘一周的方形陵园，是西汉帝后陵园的通制。西汉帝陵在陵园之旁建有寝殿和庙宇。

西汉诸陵的陪葬墓都在帝陵之东，长陵陪葬墓规模最大。这些帝陵加上皇亲国戚、权臣列侯的陪葬墓自东而西绵延百里。西汉有些

▼渭陵玉仙人奔马

▶汉阳陵陪葬坑骑兵俑

皇帝还按帝陵规格修建其父或其母之墓，或以皇帝、皇后的礼仪安葬，如汉太上皇陵、薄太后南陵、钩弋夫人云陵，以及宣帝父母史皇孙和王夫人的陵墓等。这些陵墓或在皇室帝陵陵区附近，或在陵区之外的京畿之地。

西汉时期的帝陵具有以下特点：

①西汉帝陵均有高大的封土（霸陵除外，霸陵系依山为陵），多为覆斗形。

②陵墓形制为“亚”字形，有4条墓道。

③西汉前期，帝、后陵为同一个陵园，从阳陵以后，帝、后则各自为园。

④帝、后实行“同茔异穴”的合葬制度，帝陵居中，后陵多在其东北，帝陵的封土要大于后陵，惟吕后坟丘大小几乎与高祖长陵坟丘相等。

⑤陵园内均有陵庙、寝殿、便殿等建筑，祭祀形式复杂多样。

⑥西汉早中期均设置有陵邑，11个帝陵中7个有陵邑。

⑦大多实行厚葬制度，有众多的陪葬坑和陪葬墓。

⑧继承了秦始皇陵设置兵马俑陪葬坑的特点，在汉代帝陵中也发现有兵马俑陪葬。

西汉皇帝陵墓以帝陵为中心的复杂而规整的布局，显示了以皇帝为中心的专制主义意识和严格的等级观念。汉代帝陵的形制为中国古代皇帝的陵墓制度奠定了基础，对后世的帝陵制度有很大影响。目前西汉帝陵内的构筑及埋藏情况因为尚未发掘，所以还不清楚；另外关于各帝陵陪葬坑的方位和具体数量因发掘尚少，了解也不多。随着西汉帝陵考古工作的进一步开展，西汉帝陵的全貌将越来越清晰地展现在我们面前。

汉代是一个厚葬的社会，因此每年用在修建皇陵上的费用达到国家税收的1/3。不只对当时的社会经济带来负面影响，而且也为盗墓者提供了“动力”。西汉时期的帝陵大多在历史上曾被盗掘过。

▼汉安陵

十六国北朝隋时期的帝王陵

十六国北朝时期，少数民族入主中原，建立了众多少数民族政权，先后继续在西安建都的还有前赵、前秦、后秦、西魏、北周等多个少数民族政权，因此统治者的陵墓也应在陕西。但由于处于战乱时期，陵墓修建简单，加之文献缺载，当时的帝王陵情况不甚清楚。后来隋王朝代替了北周并灭掉了南朝的陈政权，建立了隋王朝。目前可知分布于陕西的帝王陵有：前赵刘曜之父的永垣陵（今白水），前秦苻坚墓（今彬县），后秦太祖原陵和高祖偶陵（今高陵），北朝的西魏文帝永陵和北周文帝成陵（今富平）、武帝孝陵（今咸阳），隋代的文帝泰陵（今杨凌）等。其中北周孝陵是陕西抢救性发掘的第一座帝陵。

小资料

五胡十六国

304年至439年，在南至今淮河，北至阴山，西至葱岭，东至东海，东北至鸭绿江下游以北，西南至澜沧江以东，由匈奴、羯、鲜卑、氐、羌五个少数民族建立的十六个较大的分裂割据政权。

1. 前秦苻坚长角墓

苻坚墓位于彬县水口镇九田村。其形状更有趣，既不是覆斗形，也不是圆丘形，而像一个长长的兽角，南头大，北头小。其南头最高处3米左右。当地人俗称其为长角墓。该墓规模不大，封土长25米，宽8.6米。根据相关勘探资料，该墓封土下有两个砖箍的墓，为异穴合葬墓，南边的规模大一点，北边的规模小一点。

前秦是十六国时期由少数民族建立的政

权，其皇帝苻坚是氐族人，因其堂兄前秦厉王苻生残暴，他于357年发动政变，取而代之成为前秦第三任皇帝，并将领土不断扩大，成为中国历史上第一个统一北方的非汉民族政权皇帝。由于他不听众大臣劝阻，盲目进攻位于东南的东晋，结果在淝水之战中失败，而且留下了“投鞭断流”“草木皆兵”“风声鹤唳”等成语。淝水之战让前秦元气大伤，以前被征服的其他民族头领纷纷反叛。苻坚最后于385年被羌人、后来的后秦皇帝姚苌所杀，终年47岁。

关于苻坚墓为何埋在彬县水口镇九田村，当地有个传说。苻坚在淝水之战中被谢玄打败以后，往老家天水逃跑，一直跑到水口原这个地方，因困乏停在净光寺里歇息。他的大将姚苌早就想夺苻坚的王位，认为此刻时机已经

▼前秦苻坚长角墓

成熟，趁晚上苻坚正睡着，高喊一声：“追兵来了！”这地方过去人烟稀少，到处长的蒹草，上边有白穗，苻坚迷迷糊糊，加上天又黑，把密麻麻的蒹草当作打着白旗的追兵，心想自己的路走到头了，与其让敌兵把自己拉住杀了，不如自杀了痛快，就吊死在净光寺里的大槐树上。当时苻坚的夫人年轻、漂亮，女儿也长大成人、非常漂亮，苻坚担心自己死后，夫人和女儿落到敌人手里遭受侮辱，在自杀前亲手把夫人和女儿杀了。苻坚死前，给手下叮咛，他死后，朝西南老家天水方向射一箭，箭落到哪，就把他埋到哪。苻坚墓就这样安在了九田村。

水口原这地方过去为新平县城，因此苻坚死后，这一带有个民谣：“河水清又清，苻坚死新城。”

2. 西魏文帝元宝炬永陵

永陵是文帝元宝炬与皇后乙弗氏的陵墓。位于富平县城东南约15千米处，现存高度15米。

535年元宝炬即皇帝位，改年号为大统，为西魏开国皇帝即西魏文帝。文帝在位时，大权尽归于大将军宇文泰，文帝与宇文泰维持微妙的君臣关系。但宇文泰尚能注意全局改革，建

立计账和户籍制度，以保证国家收入，又颁行敦教化、尽地利、均赋税等6条诏书，开创府兵制，同时注意鲜卑族和汉族地主的关系，从而使西魏国力超过东魏。

当时柔然强盛，对西魏构成极大威胁，宇文泰劝文帝纳柔然头兵可汗阿那瑰之女为皇后，结好柔然。乙弗皇后生性节俭，平日穿旧衣、吃蔬菜，从不配饰珠玉罗绮，为人仁恕且没有嫉妒心，帝后二人情爱甚笃。宇文泰却劝文帝为社稷计废后。538年，文帝无奈废乙弗皇后，逊居别宫，出家为尼，立柔然公主郁久闾氏为皇后。郁久闾氏被册为皇后之后，性情极善妒，十分不满乙弗氏还住在都城。西魏文帝只好遣武都王元戊为秦州刺史，与母亲乙弗氏一同赴镇。虽然如此，文帝心中还是对乙弗皇后念念不忘，密令乙弗氏养发，有追还之意。宫禁事秘，外无知者。540年，柔然再次大举南侵，不少人认为这是因为乙弗皇后的缘故。文

小资料

北　朝

北朝（386年~581年），是中国历史上与南朝同时代的北方王朝的总称，其中包括了北魏、东魏、西魏、北齐、北周等王朝。继承北周疆域的隋灭亡了南朝陈政权，完成了统一大业，结束了长期的分裂割据局面。

▶ 西魏文帝永陵

◀西魏文帝永陵石兽

帝无奈表示："岂有百万之众为一女子举也？虽然，致此物论，朕亦何颜以见将帅邪！"忍痛赐后自尽。乙弗皇后奉敕，挥泪曰："愿至尊享千万岁，天下康宁，死无恨也。"乃入室，引被自覆而死，时年31岁，凿麦积崖为龛而葬，号寂陵。后追尊乙弗皇后为文皇后，与文帝合葬于永陵。同年，郁久闾氏怀孕待产，住在瑶华殿，听见狗吠之声，心情很不愉快。又见到一名妇人盛装打扮来到其居所，郁久闾氏问旁人此女何者，但众人都没看到有人出没，于是时人认为她看见的是乙弗皇后的冤魂。不久郁久闾氏难产而死，年仅16岁，葬于少陵原。后合葬永陵，谥号悼皇后。

551年，文帝在乾安殿驾崩，时年45岁，葬于永陵，谥号为文皇帝。死后由太子元钦继位。

永陵东侧约24米处，有一高5米、周长百米的小陪葬墓。这座陪葬墓的主人是何人，一直众说纷纭。一说是帝妹平原公主明月；一说

是废帝元钦;又说是恭帝元廓。永陵附近有此传说:在文帝埋葬时,其妹平原公主为之送葬,哭得死去活来,突然暴死陵旁,随即陪葬永陵。后来,以妹为兄送葬不吉而流成习俗。若依此说则墓主便是平原公主。

永陵以平地封土为陵,陵冢坐北向南。墓前原立碑石100多通,20世纪50年代为修贺兰水库时被拉去堵坝。现今陵南200米处仅剩西侧石兽一件,守护皇陵。东侧的石兽在西安碑林博物馆。该陵是陕西省人民政府1956年公布的省级文物保护单位。1996年,国务院公布为第四批全国重点文物保护单位。

3. 北周武帝宇文邕孝陵

孝陵位于今咸阳市渭城区底张镇陈马村东南约1000米处,西距唐顺陵(武则天母亲陵)约1500米。史书中孝陵的具体地点记载不详,地面又无封土,适逢1993年及1994年接连被盗后,考古工作者才进行正式发掘。

北周高祖武皇帝孝陵,即北周武帝宇文邕的陵墓。公元578年,武帝病死于行军途中,终年36岁,葬于孝陵。

北周武帝宇文邕是一位杰出的政治家和军事家,是有作为的皇帝。亲政以后实行了一系列改革措施，力求富国强兵。在政治上，他几次下诏释放奴婢和杂户，解放社会生产力；在军事上，废除自西魏以来府兵完全由鲜卑人充当的民族限制，吸收广大汉族人参加军队，扩大了兵源，加强了军事力量；在民族政策上，促进了民族融合；在宗教政策上，禁佛、道二教，属于历史上著名的“三武灭佛”的皇帝之一。罢沙门、道士，皆令还俗，使数百万寄生的僧、尼、道士变成自食其力的劳动者，从事生产，减轻农民负担，扩大国家收入。同时，他还颁发《刑书要制》，严惩贪污盗窃，提倡节俭，常穿布衣，寝布被，后宫也不过十余人，拆除华丽宫殿，将建材赐予贫民。

孝陵没有封土，其墓规模小，与宇文邕提倡节俭不无关系，也涉及土洞墓安全问题。同时由于那时处于战争年代，经济力量也不够。经考古发掘得知，孝陵墓葬总体坐北向南，墓道全长68.4米，由斜坡墓道、5个天井、5个过洞、4个壁龛及甬道、土洞式单墓室组成。这样的形制，与已发现的北周皇室、贵族、大臣的大

▼北周武帝宇文邕

中型墓大体相同。孝陵虽经多次盗掘，但出土物仍很丰富，有数百件之多。其中有各类陶俑150多件、陶瓷器近40件、玉器8件、铜带具1套、金器21件及志石2合。

其中金器中的“天元皇太后玺”尤为珍贵，纯金，保存在陕西省咸阳博物馆。这件被陕西省文物鉴定委员会确定为国家一级藏品、国宝级文物的玺印，重800多克，由印台、印钮两部分分模合铸后，再用榫卯镶嵌而成。“天元皇太后玺”原是北周武帝孝陵的陪葬品，1993年被盗出后踪影全无。直到1996年的严打斗争，咸阳市渭城区公安分局获悉其线索后，马上由文物派出所专案侦破，经13天的连续作战，才使这件稀世珍宝完好无缺地回到国家手中。史载，“天元皇太后”即北周武帝宇文邕的皇后。祖姓阿史那，是突厥俟斤可汗的女儿，貌美贤淑。公元560年，宇文邕登基，先后多次派遣使者求亲，都未曾成功。直至8年后，宇文邕才如愿以偿，迎娶阿史那氏并封其为皇后。宇文邕驾崩后，阿史那氏又先后被其子孙尊为天元皇太后、天元上皇太后、太皇太后。“天元皇太后玺”正是阿史那氏被尊称为“天元皇太后”时所用之玺。这位曾历经三朝的皇后，因其特殊的身份和地位，死后与武帝合葬孝陵，她生前享有的“天元皇太后玺”金印也一同随葬。于是，便有了今天

小资料

玺　印

先秦时期，玺、印为一物，可以通用。秦始皇统一全国后，颁布诏令只有皇帝印才可称“玺”。官吏及一般人称“印”。汉代印又称“章”和“印信”。唐以后又将印称“记”或“朱记”，明清又称“关防”。古印有钮，可以系绶。印钮形式有覆斗钮、鼻钮、龟钮、蛇钮、虎豹钮等，印文有阳文和阴文。字体依时代变化：先秦时代是六国古文；秦汉至魏晋南北朝是篆字；隋唐以后多隶书、楷书。

的“国宝”之称和关于它的许多故事。

“天元皇太后玺”是我国目前发现最早的皇太后金印，它解开了北周皇家丧葬制度之谜，填补了考古学上这一历史时期的空白。章法独特，世所罕见。

▲天元皇太后玺
天元皇太后玺印文

北周自孝闵帝宇文觉开始，历明帝宇文毓、武帝宇文邕、宣帝宇文赟、静帝宇文阐，共5帝，25年而亡。《北史》和《周书》关于北周帝陵的记载极为简单，仅可知孝闵帝葬静陵、明帝葬昭陵，武帝葬孝陵，宣帝葬定陵，静帝葬恭陵，但具体位置不详。加之北周帝陵不封不树，地面没有标志，也无石刻仪卫、陵园建筑等，随着岁月流逝，后世全不知其踪迹了。孝陵的发掘和发现，为寻找北周其他4座帝陵提供了重要线索，也为研究北周史及北朝考古提供了弥足珍贵的资料。

根据发掘出土的武帝孝陵志石、墓室棺椁遗迹、武德皇后志石及天元皇太后金玺等，判定墓确为北周武帝与皇后阿史那氏合葬的孝陵。

4. 隋文帝泰陵

隋文帝陵原名为太陵，是隋朝开国皇帝文帝杨坚和独孤皇后的合葬陵墓。

隋朝开国皇帝文帝杨坚是西魏大将军杨忠之子，弘农华阴(今陕西华阴市)人，汉太尉杨震的十四世孙。581年代周称帝，建立隋朝，建都长安，年号开皇。589年隋灭陈，结束了近300年的分裂局面，统一了全国，为中国的文化发展奠定了基础，同时也为陵寝制度的复兴与发展提供了物质条件。

他在位期间成功地统一了当时分裂的中国，开皇年间疆域辽阔，人口恢复到700余万户，是人类历史上农耕文明的发达时期。他改革官制，确立了三省六部制，加强了中央集权，提高了办事效率。修订《开皇律》，删除苛酷条文，宫刑(破坏生殖器)、车裂、枭首等残酷刑法予以废除，规定一概不用灭族刑。减去死罪81条，流罪154条，徒、杖等罪千余条，保留了律令500条。死刑复奏制度是从开皇十五年形成定制的，隋文帝规定凡判处死刑的案件，须经

▼隋文帝

"三奏"才能处决死刑。推行均田制，整顿户籍，将从豪强手里依附的人口解放出来，增加了国家的劳动力，调动了广大农民的生产积极性。也使国家掌管的纳税人丁数量大增。在各地修建了许多粮仓，其中著名的有兴洛仓、回洛仓、常平仓、黎阳仓、广通仓等。存储粮食皆在百万石以上(隋朝已灭亡20年后，粮食布帛还未用完)。他还统一了币制，废除其他比较混乱的古币以及私人铸造的钱币，改铸五铢钱，世称"隋五铢"。开皇四年命宇文恺率领水工修建广通渠，自大兴城西北引渭水，略循汉代漕渠故道而东，至潼关入黄河，长三百余里。自此漕运通利，关中赖之，故又称富民渠。此外，他创立了科举制度，并使之成为后代选拔官吏的主要形式，影响深远。

▲隋五铢钱

由于文帝的这些作为，使当时社会安定、经济富庶、人民安居乐业，因此在历史上被称为"开皇之治"。为以后唐代的政治和经济的发展奠定了良好基础。

▼隋观世音菩萨

隋文帝节俭爱民，他小时候生长于寺庙之中，素衣素食，生活节俭，这使他养成了崇尚节俭的性格。他虽贵为天子，但却食不重肉，不用金玉饰品，宫中的妃妾不

作美饰。他深知节俭的重要性，教育太子要节俭，指出国家没有因为奢侈腐化而能长治久安的。他勤于政务，体恤民间疾苦，是一个杰出的政治家。在《历史上最有影响的100人》一书中，文帝因重新统一中国，并营建大运河，列居第82位。然而和他巨大的历史影响力相比，他的最后归宿地规模还是有些冷落。这座开国君王的陵墓，营建于隋仁寿二年(602年)，远远不如秦汉皇陵的规模和其他开国皇帝的规模。

太陵位于今陕西杨凌区的五泉镇王上村。其东为杨凌火车站，南与张上村毗邻，隔渭河与终南山相望。满清时发现并修缮，改为现名“泰陵”，又名杨陵。

陕西省考古研究院于2010年对隋文帝泰陵进行考古调查和勘探，确认了陵园遗址的布局、范围及陵墓玄宫墓道部分结构，其中最重要的是证实了泰陵确为文献所记载的“同坟而

▼隋文帝泰陵

◀隋鎏金鸾鸟纹银盘

异穴”。此次调查，发现陵园遗址周围有平面呈长方形的城垣，南北长628.9米，东西长592.7米，墙基宽约4.4米，陵园总面积约37万平方米。陵园四面各辟一门，南门门址保存较完整，门外分别有一对门阙，门阙平面呈梯形。陵园外环绕有围沟。在陵园中部偏东南部筑有覆斗形封土，封土顶部南北33米，东西42米，底部南北153米，东西155米。基础部分呈倒“凸”字形，覆盖墓道。封土南侧有两条墓道，相距23.8米，均为7个天井、7过洞，西侧墓道(包括天井、过洞)南北长78.7米，宽3.4~5.6米，东侧墓道略短，也稍窄。

陵冢高27.4米，呈覆斗形，夯筑而成。底部面积为26560平方米。陵冢顶部平坦，南北宽38米。陵冢底部四周已被挖掉3~5米，现残存东西长166米，南北宽160米。陵冢周围原筑有夯土城垣，现已基本毁坏，唯北城尚有残墙，长约130米，最高处1.2米，残存宽5.5米。夯层清晰，夯窝明显。垣墙的四角及中部都发现有大量的砖瓦残片，应是当时建有阙楼和城门的残迹遗存。

传说泰陵原本可不是这般低矮。文帝杨坚励精图治，完成了统一天下的大业，晚年仍不忘操劳国事，出巡疆域。在最后一次出巡回归大兴都的路上病逝了，拉棺木的车队行走在崎岖不平的道路上咯咯吱吱，车辕折坏在了现在这个地方。时值炎暑骄阳如炽，只好就地埋葬。之后，如蚁的百姓披麻戴孝，一片素白。用鞋兜，衣襟包，手掌掬，每人三趟，黄土便堆成了巨山似的陵墓，方圆几十里。现在低矮的样子是周围农民开辟田地，取土不止而消减所致。还有令人惊奇的是，传说每到子夜时分，夜色深沉，从陵墓里便跑出来7匹金马驹。它们在陵顶追逐戏耍，清脆悠扬的铃铛声在静寂旷远的月夜里被夜风传送得很远。劳累了一天的农人们睡在梦中尚能听到悦耳的脆响。涉世不深的小马驹们哪里想得到自己正遭到黑心人的谋算呢。终于在一个无月的漆黑夜，盗贼捉走了6匹，还有一匹仍天天晚上出来寻找同伴，发出孤单凄厉的嘶鸣。最后连唯一的这一匹神驹也被盗走了，帝陵顶现在还留着一处凹坑，那就是盗墓贼盗马时留下来的。神驹没有了，帝陵便失去了神奇，成了一座平凡普通的大土疙瘩。

▲隋武士陶俑

陵园外有隋文帝庙遗址，是后裔及百姓进行祭祀的地方。庙宇建筑宏伟瑰丽，其占地面积近15万平方米。

文帝泰陵及其祠庙遗址内，遗物相当丰富。在多次的调查中，采集到许多文物，这些文物大多以建筑材料为主，有铺地砖和砌墙砖两类。铺地砖有莲花方砖和菱形纹砖两种。莲花方砖长宽均为32厘米，厚5.5厘米，砖中央图案为浮雕莲花图案，角隅饰以蔓草，四边低，饰阴刻联珠纹；菱形网格方砖长宽均31厘米，厚5.5厘米，一侧为网格饰纹，另一侧为素面。另外还出土有条砖（分粗绳纹和素面两种），素面条砖火候很高，质地坚硬，出土的板瓦和筒瓦均为轮制，厚薄不一，其中保存完好的筒瓦较多，而板瓦则少，纹饰外为素面，内为粗布纹居多。其次还出土了大量的瓦当，主要分单瓣莲花瓦当、双瓣莲花瓦当、兽面当、云纹和菩萨瓦当，图案风格生动逼真，工艺考究。其中最为珍贵的是菩萨瓦当（现存扶风县博物馆），仅发现一件，已残，直径13厘米。瓦当面用弦纹和联珠纹组成一个“桃心”形，中心一尊双手合十结跏(jiā)趺(fú)坐的菩萨，其衣着纹饰现已不清。这种以佛教内容为题材且直接以菩萨为纹饰的瓦当，在出土文物中是非常罕见的。

另外，还有大量的陶脊饰物和其他建筑材

小资料

隋炀帝陵

传说在陕西武功和江苏扬州的槐泗镇都有隋炀帝墓。真正的隋炀帝墓在扬州市邗江区西湖镇，已经被考古工作者发现并进行了发掘。除了发现墓志外，还出土了鎏金铜铺首和金镶玉腰带，这些都证明墓主身份显赫。

▲罐是隋代青瓷中常见的器皿。当时北方流行一种直口无颈罐，身近椭圆形，腹中部凸起弦纹一道，肩上贴附二系、三系或四系，以四系者居多，所以称之为“四系罐”。四系罐在北方隋墓中常有出土，是隋代青瓷的典型器物。

料，这些文物的出土为研究隋代的经济、文化、生活提供了珍贵的历史实物资料。

经历了1400多年风雨的帝陵益显古老沧桑，园内地面建筑及文物已荡然无存，仅留高27.4米的土夯筑成的覆斗形陵冢一座。陵前有清代石碑一通，碑上镌刻“隋文帝泰陵”5个大字，是清乾隆时陕西巡抚毕沅手笔，扶风知县熊家振勒石立碑。

隋文帝的泰陵，在中国陵寝史上具有承前启后的地位，它为以后唐宋陵寝的发展奠定了基础。1996年被国务院公布为全国重点文物保护单位。

唐代帝陵

唐代是中国古代最强盛的时期，从618年建国，至907年灭亡，历时289年。共21帝20陵（高宗李治与女皇武则天合葬乾陵），除昭宗李晔和陵和哀帝李柷（chù）温陵分别在河南渑池和山东菏泽外，其余18座陵墓集中分布在陕西。差不多与咸阳原上的汉代9个帝陵成一平行线。据宋敏求《长安志》记载，昭陵和贞陵方圆120里，乾陵方圆80里，泰陵方圆76里，定、桥、建、元、崇、丰、景、光、庄、章、端、简、靖等13陵方圆40里，献陵方圆20里。清代陕西巡抚毕沅曾对唐十八陵进行整修，并树立题碑。

唐代帝王陵墓，以都城长安为中心，朝东西两翼以120度向北展开。从今陕西蒲城向西，经富平、三原、泾阳、咸阳、礼泉直至乾县，共6县1市，直线距离150千米。各陵之间主次关系不大，目前尚未发现有明显可循之规律，完全是根据风水需要而选址，于是有的是父子陵墓比邻，有的是祖孙相望。乾县的两座帝陵分别为极盛的高宗乾陵和晚唐僖宗的靖陵，时间跨越200年，气势相差悬殊。

唐十八陵的构筑分为“积土为陵”和“依山为陵”两种形式。积土为陵的有高祖献陵、敬宗庄陵、武宗端陵、僖宗靖陵4座，都分布在黄土高原上。这类陵丘用夯土筑成，呈覆斗形，类似汉代陵墓，但规模较小。其余14座则依山为陵，分布在关中北山山脉。这类陵墓利用山势，玄宫开凿于山峰南面的山腰上，上部不筑坟丘，前面有一条长墓道，气势十分宏伟。经过勘察或试掘的乾陵、桥陵、定陵、泰陵、建陵、崇陵和简陵的墓道和墓门全部用石条砌筑封堵。

“依山为陵”一方面是为了显示陵墓的气势雄伟，另一方面也是为了防盗。陵园的平面布局自乾陵开始形成定制，墓室凿在山南的半腰处，高踞陵园北部，为全陵主体建筑，四周筑围墙，分内外城。内城墙四面设门，南门内修筑献殿。外墙南面有3道门，石刻群（石狮、碑石、石人、石马、鸵鸟和华表、王宾像）置于由南而北的第二、三道门之间。第一道门外分布着皇族和文武大臣的陪葬墓。此外昭陵因山南地形险阻，在陵北玄武门内修筑祭坛，是举行大典的场所，为唐十八陵中所仅有。

唐陵的“玄宫”，文献记载笼统，也没有经过考古发掘，结构尚不清楚。据《唐会要》记载，昭陵玄宫进深75丈（约230米），前后安置5重石门。五代的温韬盗掘时曾看到：玄宫“中为正寝，东西厢列”，建筑宏丽，不异人间，墓内随葬有包括“前世图书、钟王笔迹”在内的大量珍宝。通过几座发掘的陪葬墓可以对了解玄宫的结构得到一些启示。如懿德太子李重润和永泰公主李仙蕙墓，是按

“号墓为陵”的制度构筑的。懿德太子墓墓室由斜坡墓道、6个过洞、7个天井、8个小龛、前后甬道和砖券穹隆顶前后墓室组成，全长100.8米。其布局模仿皇帝内宫设计。过洞大致相当于宫城门、宫门和殿门，而前后室则象征前朝后寝。墓内有大量的壁画，使用哀册，不用墓志。壁画内容有门列棨(qǐ)戟，仪仗出行，以及伎乐、供奉、内官、宫女等，都与文献记载的宫廷制度相吻合。在各陵的西南都发现有建筑遗迹，文献称之为“陵下宫”(俗称皇城)，是当时守陵官员和宫人居住的地方。

陵园一般有内外两重城墙，布局左右对称。陵墓四周夯筑内城墙，四面各辟一门，南曰朱雀，北曰玄武，东曰青龙(东华)，西曰白虎(西华)。积土为陵者，城多为方形，四门正对陵丘。依山为陵者，城呈不规则多边形，南、东、西三门大多正对玄宫，北门多因地势而筑，方位不正。门外均有阙一对，四角有角阙。内城南门内有献殿，南门外有很长的神道，神道中间设阙名乳台，南端设阙名鹊台。乳台与南门的距离一般在600米以上，乳台与鹊台的距离一般为2000多米，少者1500米左右。乳台至南门的神道两侧对称排列石刻。门阙、角阙、乳台和鹊台基址均为用土夯筑。底部四周砌条石，上部外面包砖。遗

小资料

号墓为陵

是唐代皇室的一种极为特殊的丧葬制度，始于唐中宗。号墓为陵有两层含义：一是指称陵不称墓；二是指墓葬和随葬品以皇帝等级安排。这种制度的出现强烈地表现出李氏集团在政治上的复辟，以打压武则天集团的势力，因此有强烈的政治背景。所以，它的实施极短，仅有懿德太子墓和永泰公主墓这两座墓是按此制修建的。

址附近多有唐代砖瓦，推测上部原有楼阁建筑。“下宫”多数建在帝陵西南、鹊台西北、距陵墓2.5千米左右的山下，是守陵官员和宫人居住和进行日常献祭的地方。

用宗室、功臣陪葬是唐代皇室墓葬制度的重要组成部分，这是帝王给予皇室成员和文武大臣的殊荣，亦是笼络人心、巩固政权的手段。陪葬墓的外形主要有三种：其一，封土堆呈覆斗形，四周有围墙，南门有一对土阙，阙南立石刻，一般为皇室人物的墓葬，如昭陵的常乐公主墓、城阳公主墓，乾陵的章怀太子墓、懿德太子墓、永泰公主墓等。其二，圆锥形墓。多为文武大臣，少数为皇族，这种类型数量最多。其三，像山形墓。仿照汉茂陵卫青、霍去病墓的形制修筑，如昭陵的李靖墓起冢象征铁

▼唐顺陵石天禄

山、积石山，李勣墓起冢象征阴山、铁山、乌德健山。

唐十八陵石刻是中国古代雕刻艺术的宝库之一，其题材和雕刻手法均大大超过了以前的陵墓石刻，既有圆雕，也有浮雕和线雕。大体上早期高祖献陵和太宗昭陵的石刻形制巨大、雄浑，题材、数量、陈列位置等并无定制。盛唐时期的高宗乾陵、中宗定陵和睿宗桥陵的石刻虽仍保存前期风格，但雕刻艺术更为精湛，而且种类和数量大为增加，组合基本形成定制。中晚唐时期，自玄宗泰陵至僖宗靖陵的13座陵墓，石刻大部分形体卑小，制作粗糙，组合上也出现混乱现象，反映了安史之乱以后唐王朝由

▼唐顺陵神道石刻

▲唐高宗永徽年间所立的"蕃酋"像

盛而衰的境况。

献、昭二陵为唐初所建，制度未定，石刻题材与乾陵以后的16陵迥然不同，献陵的四门各有一对石虎，内城南门之南有石犀和石华表各一对。昭陵由于山南地形险阻，石刻群均集中在陵北山后的司马门内，有唐高宗永徽年间所立的14尊"蕃酋"像，在东西两庑还有唐太宗生前所乘的6匹战马的浮雕——昭陵六骏。自乾陵以后，石刻群的组合基本固定，按性质不同，可分狮子、石人、石马、马夫、翼兽和北门六马、"蕃酋"像、华表、碑石、无字碑和述圣记碑等。各陵所存碑石约51通，是研究唐代历史和书法艺术的珍贵资料。唐帝陵原有石刻(不包括陪葬墓)共1000余件，如今包括残件在内仅存不足500件。帝陵石刻的艺术变化，是唐代政治、经济发展的一个缩影，反映了大唐帝国的兴衰。

昭陵、乾陵附近的大量陪葬墓还都出土有

▶ 章怀太子墓客使图

墓葬壁画，由于墓主人身份很高，故作画者多为专业画家甚至著名艺术家。这些壁画现陈列于陕西历史博物馆的唐墓壁画馆。多件被认定为国宝级珍品，受到社会各界的广泛关注。目前展出的包括《章怀太子墓客使图》《马球图》《狩猎出行图》等。

唐代帝陵是中国古代社会发展高峰时期墓葬制度的代表，是中国陵寝发展史上重要的阶段，是唐王朝兴衰历程的实物见证。陵园气势宏伟，建筑布局严谨，随葬品丰富，蕴涵极高的历史、科学、艺术等价值。

1. 唐高祖献陵

献陵是唐代开国皇帝李渊的陵寝，位于今陕西省咸阳市三原县徐木乡永合村。为国家重点文物保护单位。唐贞观九年（635年）李渊驾崩，葬于献陵。献陵修建之初没有陵邑，分为内外两城，规模宏大壮观。内城四门各有石虎一对，南门外矗立着一对高大的华表和石犀。

献陵坐北朝南，封土呈覆斗形，高21米，底边东西150米，南北120米，陵园的周围分布有67座皇亲重臣陪葬墓，宛如众星捧月，将献陵衬托得十分壮观。

关于献陵的营建规划，唐太宗曾下诏有司讨论，决定按东汉光武帝原陵高6丈（约12米）的规模营建。现存高度与记载大体一致。内城四面有门，门内各有一对石虎，把守四门，眼神机敏，四肢健劲，南门外300米，有一对石犀，又约100米处，有一对石华表。整个石刻品类极简，但雕刻艺术价值很高，浑厚质朴，造型刚毅，健壮粗犷，豁达昂扬。如华表座上浮雕的龙和顶上圆雕的狻猊，用笔十分简洁，赋形又极为生动。圆雕的虎、犀，形体高大，用写实的

▼唐高祖献陵全景

手法镌刻出猛兽的形象，粗壮的躯体、简练的线条，追求逼真而不注重外表的装饰，既刻画出兽性，又不致人望而生畏，且能逗人喜爱，这是唐陵石雕艺术的代表和精品。献陵石刻具有浓郁的初唐艺术风格，是研究唐代历史的珍贵实物资料。

▲唐高祖献陵石刻华表

2. 唐太宗昭陵

昭陵是唐太宗李世民与长孙皇后的安葬之地，位于今礼泉县东北22.5千米的九嵕山上。

▼唐太宗昭陵

唐太宗不仅是唐朝最负盛名的皇帝，也是中国历史上最著名的帝王之一。他在位的贞观时期，是后世称颂的一代太平盛世，太宗也因此被称为一代“明主”、“英主”。太宗即位后，一直对隋末天下大乱的场景心有余悸，所以注重“以民为本”。他说，这样做不只是“忧怜百姓”，也是为了“长守富贵”。基于这样的目的，他在位时期，以国家稳定为政策要务，以稳定求发展，居安思危，终使天下大乱之后达到了大治。重新确立和完善了统治秩序，使社会步入健康有序发展的轨道。政治上，完善国家政治体制的各项制度，重视吏治，严格执法与守法，严惩违法与贪污渎职，重新树立起百姓对官府的信心和信赖。经济上，轻徭薄赋，与民休息，不增加农民负担，提高劳动者生产积极性。在用人政策上，善于用人和纳谏。在民族关系上，他相信“中国既安，四夷皆服”，所以实行了开明的民族政策。自东突厥灭亡以后，西北各部首领都来长安朝见，尊称太宗为“天可汗”。“可汗”是西北各部对君主的称呼，称“天可汗”就是拥戴太宗为他们共同的君主。唐朝对北方少数民族地区的管理，主要是任命各民族上层首领担任地方长官，不改变原有民族习惯与生活方式。他们职务世袭，代表中央政府对当地进行管理。到太宗晚年，漠北地区各部又相继归附。为了方便来长安朝拜唐朝皇帝，他们在大漠南北专门开辟了一条大道，称为“参天可汗道”。沿途设置驿站68处，备有马匹与食物供应往来使者。太宗表示：“自古皆贵中华，贱夷狄，朕独爱之如一，故其种落皆依朕如父母。”各少数民族也把太宗当成了自已爱戴的可汗。我们可以看到许多番将的名字，铭刻在昭陵的祭坛上。

小资料

贞观之治

贞观是唐太宗李世民的年号，贞观之治是指他在位时出现的太平盛世。由于唐太宗能任人唯贤，知人善用；开言路，虚心纳谏，重用魏征等贤才；并采取了一些以农为本、减轻徭赋、休养生息、厉行节约、完善科举制度等政策，使得社会出现了安宁繁荣的局面，史称“贞观之治”。这是唐朝的第一个盛世，同时为后来的开元盛世奠定了基础。

昭陵是关中唐十八陵中规模最大的一座。陵园周长60多千米，总面积200平方千米，有陪葬墓180余座，被誉为“天下名陵”和世界最大的皇家陵园。这座陵园始建于636年，是由著名建筑学家阎立德设计的。当年的昭陵有富丽堂皇的地面建筑和地下宫殿，高大的朱雀门、雄伟的献殿和庄严的祭坛，构成地面建筑的主体。从唐贞观十年（636年）太宗文德皇后长孙氏首葬到开元二十九年（741年），昭陵陵园建设持续100多年之久，地上地下遗存了大量的文物。它是从初唐走向盛唐的实物见证，是研究唐代乃至中国古代社会政治、经济、文化难得的实物资料。

九嵕山孤耸回绝、气势雄伟，树木葱茏、风景绮丽，是渭北山系中最有代表性的大山。“九峰俱峻”“山峦起伏”，为“关内道之名山”，颇为神奇，从其南面观之，形似圆锥；从西南面望之，形若覆斗，极像日本的富士山；从东面看之，形同笔架，当地人称之为“笔架山”。陵园平面布局既不同于秦汉以来的坐西向东，也不是南北朝时期“潜葬”之制，而是仿照唐长安城的建制设计的。它的建筑从贞观十年（636年）到贞观二十三年（649年），前后用了13年时间，如果加上唐高宗时的续建，如雕刻14国君长像、修祭圣宫等，时间就更长了。

昭陵的陵寝居于陵园的最北部，相当于长

安的宫城，可比拟皇宫内宫，在地下是玄宫。据史籍记载，建昭陵时，从九嵕山南面的山腰深凿75丈（约230米）为玄宫。墓道前后有5座石门。地宫之内富丽堂皇，豪华至极，不比人间的帝王宫殿差。在地面上围绕山顶为方型小城，城四周有四垣，四面各有一门。据史书记载，昭陵玄宫建筑在山腰南麓，穿凿而成。初建时架设栈道，栈道长400米，文德皇后先葬于玄宫，而栈道并未拆除，就在栈道旁之上建造房舍，供宫人居住，像对待活人一样对待皇后，待太宗葬毕，方拆除栈道，使陵与外界隔绝。玄宫深约230米，中间为正寝，是停放棺椁的地方，东西两厢排列着石床。床上放着许多石函，里面装着殉葬品。墓室到墓口的通道上，用三千块大石砌成，每块石头有二吨重，石与石之间相互铆住。

▼蕃　酋

在主峰地宫山之北面，是内城的北门玄武门。设置有祭坛，紧依

九嵕山北麓，南高北低，以五层台阶地组成，愈往北伸张愈宽，平而略呈梯形，在南三台地上有寝殿、东西庑房、阙楼及门庭，中间龙尾道通寝殿，是昭陵特有的建筑群。在司马门内列置了14国君长的石刻像，包括突厥、吐蕃、吐谷浑、龟兹、于阗、焉耆、高昌、新罗、乐浪等的可汗和王，他们都曾受唐朝的诏封。石雕像高2米多，座高1米。清乾隆以后大多被毁，现存的仅有“突厥答布可汗阿史那社尔”、“高昌王左武卫将军智勇”、“焉耆王龙突骑支”等。自昭陵设置“蕃酋”以后，后来的唐各陵也都设“蕃酋”或“蕃民”的石像。这些石像刻立于高宗初年，反映了贞观时期国内各民族大团结、唐对西域的开拓以及与邻邦关系融洽的盛况。这些石像在早年已遭破坏，今可见者有7个题名像座，几躯残体和几件残头像块。前人曾说这些石像：“高逾常形，皆深眼大鼻，弓刀杂佩，壮哉，异观矣!”从发现的残体来看，石像高不过六尺(约2米)，连座约九尺许(约3米)，并未超过常形。可以看出确有深眼高鼻者，有满头卷发者，有辫发缠于头者，有头发中间分缝向后梳拢者，有戴兜鍪者，但未见有弓刀杂佩者。服装有翻领和偏襟两种，其余则不能确知。仅从这些情况可以看出这些石刻像属于写实之作。

昭陵保存了大量的唐代书法、雕刻、绘画作品，为我们研究唐代书法、绘画艺术提供了珍贵的实物资料。昭陵墓志碑文，堪称初唐书法艺术的典范，或隶或篆，或行或草，多出自书法名家之手。欧阳询、褚遂良等的书法，都以其独特的风格，争奇斗艳，成为中国书法艺苑中光彩耀人的奇葩。昭陵陪葬墓壁画，多为唐代现实生活的写照，又不乏浪漫主义色彩，其用笔，或奔放泼辣，或遒劲有力；其用色，或简洁明快，或细腻精致；人物造型无不形神兼具、栩栩如生，堪称唐墓壁画之上乘。昭陵陪葬墓出土的大量彩绘釉陶俑，工艺精湛，造型优美，色彩绚丽。

唐太宗为追念自己南征北战的功绩并纪念心爱的战马，在埋葬长孙皇后之后即诏令雕刻“六骏”。“六骏”都是从西域和波斯马中精选出来的良马。在雕刻时，先由大画家阎立本绘制图样，并令大书法家欧阳询书写赞语于石的上角。“昭陵六骏”浮雕，构图新颖，手法简洁，刻工精巧，鲁迅先生曾称其“前无古人”。昭陵六骏驰名中外，

▲昭陵六骏之什伐赤

▼昭陵六骏之飒露紫

曾有诗云："秦王铁骑取天下，六骏功高画亦优。"这是李世民自己选定的题材。他在隋亡以后，为打破割据、实现统一，以巩固唐王朝新建的政权，南征北战，驰骋疆场，从他骑过的6匹马可以联系到他的战功。这6匹石雕骏马，由当时担任营山陵使，工部尚书，著名工艺家、美术家阎立德起图样，由筑陵石工中的高手雕镌而成的。骏马是在平面上起图样，雕刻人马形状的半面及细部，并使高肉突起，称之浮雕。

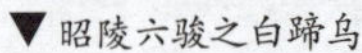

▲昭陵六骏之拳毛騧

▼昭陵六骏之白蹄乌

六骏名为"特勒骠"、"青骓"、"什伐赤"、"飒露紫"、"拳毛騧(guā)"、"白蹄乌"。其中"飒露紫"、"拳毛騧"二骏，于1914年被盗运到美国费城宾夕法尼亚大学博物馆，其余四个藏于现西安碑林博物馆。昭陵六骏各高2.5米，横宽3米，皆为青石浮雕，姿态神情各异，线条简洁有力，威武雄壮，造型栩栩如生，显示了我国唐代雕刻艺术的成就。

昭陵的这些石刻在品类、造型及题材上，

既不取生前仪卫之形，也不用祥瑞、辟邪之意，独具一格，所有石刻都是写实的、富有政治意义的不同凡响之作。据《全唐文》所收赞文记载，六骏原分东西两组。东面第一骏“特勒骠”为黄马，白喙，微黑，是平定宋金刚时的坐骑；第二骏“青骓”苍白杂色，前中五箭，是平定窦建德时的坐骑；第三骏“什伐赤”纯赤色，前中四箭、背中一箭，是平定王世充、击败窦建德时的坐骑。西面第一骏“飒露紫”紫色，前中一箭，是攻打洛阳、击败王世充时的坐骑；第二骏“拳毛騧”为黄马，黑喙，前中六箭，背中三箭，是平定刘黑闼时的坐骑；第三骏“白蹄乌”纯黑色，四蹄俱白，是平定薛仁杲时的坐骑。六骏中“飒露紫”是唯一附刻人像的，人正在俯首为马拔箭。据《唐书·丘行恭传》记载，它所表现的是攻打洛阳王世充时丘行恭拼死护驾让骑拔箭的故事。“拳毛騧”和“特勒骠”表现出缓步行进的安然神态，其他四匹则表现了奔腾的强劲姿态。

昭陵还分布有功臣贵戚等陪葬墓180余座，已知墓主姓名的有57座，形成一个庞大的陵园。这是沿袭秦汉帝陵的陪葬制度。唐代从献陵开始，起初只限于赐葬，随后允许申请陪葬，渐次扩到子孙亦可从葬陪陵。众多陪葬墓衬托了陵园的宏伟气势，加之各墓之前又多有石人、石羊、石虎、石望柱、石碑之属，更能点缀陵园繁华景象。

唐昭陵温颜博墓前的石人、魏征墓碑首的蟠桃花饰、尉迟敬德墓志十二生肖图案和石椁的仕女线刻图等，皆为当时艺术精品。昭陵地面建筑虽被毁坏了，又屡遭战乱的破坏，但陵园遍布着丰富的古迹和文物。昭陵博物馆里展示了许多墓碑和墓志，保存了大量的有关唐代的政治、经济等各方面的史料，更为人们展示了初唐书法艺术的高超水平。

3. 高宗与武则天合葬墓——乾陵

乾陵是中国乃至世界上独一无二的一座两朝帝王、一对夫妻皇帝合葬陵，埋葬着唐王朝第三位皇帝高宗李治和中国历史上唯一的女皇帝武则天。建于684年，历时59年才修

▼乾陵的537级台阶

建完成。

高宗李治是唐太宗李世民的第九子，文德皇后长孙氏所生。16岁时得舅父长孙无忌的帮助被立为皇太子，649年即皇帝位。李治并非旧史家所称的“昏愦无能、怯弱平庸”之辈。即位初年，他“载怀千古，流鉴百王”，立志要做中兴英主，以建大唐不世之基业。在长孙无忌、褚遂良等元老重臣的辅佐下，他恭勤国事，礼贤下士，认真执行太宗皇帝的贞观遗训，垦殖荒田，推行均田制，发展科举制度，人口迅速增加，社会政治清明，经济繁荣，人民安居乐业。故史书评价高宗即位初年的政治是“永徽之政，百姓阜安，有贞观之遗风。”进入中年后，因“风眩头重，目不能视”，遂委托武后处理朝政。武后遂借机大权独揽，专擅朝政，“权与人主侔(móu)矣”。666年正月，李治与武后同登泰山封禅，谒祀孔子，大唐王朝中形成了“二圣”并尊的局面。

武则天是中国历史上第一个女皇帝，这在中国古代是非常不容易的。她通过笼络朝臣，利用李义府、许敬宗等人的支持，消灭了长孙无忌、褚遂良为首的元老重臣，从此专断朝政。弘道元年(683年)高宗死后，中宗李显即位，武则天以太后身份临朝称制。次年废中宗李显，立李旦为帝，令其不得干预政事。同时，命心腹大臣策划了几百人的“劝进”活动，结果朝廷上下、京城内外、四夷酋长、僧道等几万人都跟着"劝进"。武则天见时机成熟，遂改唐为"周"，于天授元年（690年）九月正式登上皇位，自称大周皇帝，成为中国历史上唯一的女皇帝。武则天通文史，善权谋，手段残酷。她称帝后，广开仕途，开创"殿试"、"自举"、"武举"制度，广泛吸纳人才；奖励告密，任用酷吏，屡兴大狱，打击士族显贵，以维护自己的绝对统治地位。在她实际统治的近50年间，社会政治、经济和文化得到了蓬勃发展。同时，加强和改善了唐王朝与边疆各少数民族的关系。晚年豪奢专断，宫闱秽乱，侄儿武三思把持朝政，政宪大乱。705年，武则天病重，宰相张柬之等发动政变，拥立中宗李显复位。同年武则天崩逝于洛阳上阳宫，临终遗嘱"祔庙、归陵、令去帝号，称则天大圣皇后"。终年82岁。次年5月，武则天灵驾还长安，8月与其夫合葬于乾陵。

▼乾陵全景

683年，高宗死在洛阳，武则天遵照高宗“得还长安，死亦无憾”的遗愿，在关中渭北高原选择了吉地，命吏部尚书韦待价为山陵使，户部郎中韦泰真为将作大匠，动用兵士和民工20余万人，按照“因山为陵”的葬制，将梁山主峰作为陵冢，在山腰凿洞修建地下玄宫。经过300多个昼夜的紧张施工，到684年安葬时，主要工程竣工。埋葬高宗后乾陵营建工程继续进行。

▲乾　陵

705年，武则天病死。在安葬武则天的问题上，朝廷发生了一番争论，中宗欲满足母后“归陵”的遗愿，大臣严善思极力反对。他说：“尊者先葬，卑者不宜动尊者而后葬入。则天太后卑于天皇大帝，今若开陵合葬，即是以卑动尊，恐惊龙脉。”宽厚仁慈的中宗皇帝为了表示孝心，没有接受这个建议，命人挖开乾陵埏(yán)道，启开墓门，于神龙二年(706年)8月将武则天合葬入乾陵地宫。从此，乾陵成为中国古代帝王陵墓中唯一的一陵葬两帝的陵园。因此，乾陵陵园的所有营建工程经历了武则天、中宗至睿宗朝初期才始告全部竣工，历时长达57年之久。

乾陵位于陕西咸阳市乾县城北6千米的梁

▲唐高宗陵墓碑

▼乾陵石狮

山上，气势雄伟壮观。陵区仿京师长安城建制。梁山是圆锥形石灰岩山体，共有3峰，北峰最高，海拔1047米，乾陵就在北峰之上。梁山南面两峰较低，东西对峙，中间为司马道，故而这两峰取名叫“乳峰”。据史书记载，陵墓原有内外两重城墙，四个城门，还有献殿、阙楼等许多宏伟的建筑物。勘探表明内城总面积240万平方米。城墙四面，南有朱雀门，北有玄武门，东有青龙门，西有白虎门。

从乾陵头道门踏上石阶路，计537级台阶，其台阶高差为81米余。走完台阶即是一条平宽的道路直到唐高宗陵墓碑，这条道路便是“司马道”。两旁现有华表1对，翼马、鸵鸟各1对，石马5对，翁仲10对。还有石碑2通，东为无字碑，西为述圣记碑。有蕃酋像61尊，石狮1对。据《长安志图》记载，高宗殡葬时，我国边疆少数民族首领和邻近国家的特使共61人前来乾陵参加葬礼。为了纪念这件大事，唐中宗于神龙元年（705年）刻石像立于陵前。东列29人，西列32人，皆穿窄袖衣，腰束宽带，足蹬皮靴，两手前拱作祈祷状。石人头部早年多被毁，只有西列两尊尚存头部，皆高鼻、深目，显然系西域或中亚人。石人背后刻有国名和官职、姓名，少数尚可辨认，有“木俱罕国主斯陁勒”、“于阗国尉迟璥”、“吐火罗王子羯达健”、“阿史那忠节”等7人。据考证这些国大多在今新疆境内。高宗、武则天时代唐代政权北控漠北，西辖葱岭，这些人往往既是本地区的酋王，又是唐朝中央政权任命的地方行政长官。这些石刻正是唐朝统一多民族国家的写照。

在武则天之后，唐陵之中再没有出现石虎，这成了陵园转折的标志。武则天特别忌讳石虎，视之为“人臣象征”，以前在乾陵也没有发现过石虎的标志。如今这些被掩埋的石刻全部被立了起来，向人们展示着当时的政治争斗。

乾陵的石刻从规模上也超出了以往的陵园石刻，其石刻是唐代诸陵中最多的，现有109

▼乾陵六十一蕃臣像局部

件，主要集中在神道两侧。超大的体量表现出大唐盛世的宏大雄壮之势，乾陵石刻的雄浑气势不仅表现在外在的形式高大宏伟，更在于内在精神的深邃与大气。而这种精神气度在乾陵石刻作品中自然而然地流淌着，一种深邃而强大的精神力量与简洁朴实的雕刻形式相辅相成。乾陵石刻无论是雍容华丽的人物还是张扬霸气的动物，都能从它们宏大的体积内感受到一股涌动的力量，而那些流动的线条中又有着音乐般的节奏与韵律。可以说乾陵石刻艺术就是大唐盛世社会风貌的实物佐证。

▼乾陵无字碑

另外，在南门外有为高宗皇帝和武则天歌功颂德的述圣记碑和无字碑。在中国历史上，陵前石刻的数目、种类和安放位置是从乾陵开始才有了固定制度的，一直沿袭到清代，历代大同小异。

为何立一个无字碑，有人说这是在夸耀武则天的功绩难以用文字形容；有人说这是在骂武则天的恶行罄竹难书；也有人说这是武则天留下一块无字碑让后人去自由评说。这三种说法都不对。我们只要看看饱经风霜的无字碑，再看看它的西边——唐王朝给李治立的做工精湛的“述圣纪碑”，再联想到武则天在这片陵区的附属地位，就会有所感悟。实质上无字碑昭示着武则天深深的无奈。

乾陵本是唐高宗李治的陵墓，自郭沫若以来，现代人认为这是二帝合葬墓，但这并不符合传统观点。因为神龙政变之后，武则天被迫将大唐江山归还给李氏皇族。为了死后能有栖身之所，武则天自己宣布废去自己的帝号，请求她的儿子（中宗李显）将自己以唐高宗皇后的身份附葬于唐高宗的乾陵。唐中宗答应了母亲的这个请求。所以在礼制上乾陵仍然属于一帝、一后的合葬墓。

乾陵陪葬墓共计17座。计有太子墓、王墓、公主墓、大臣墓等。考古工作者已先后发掘了永泰公主、章怀太子、懿德太子、中书令薛元超、燕国公李谨行等5座陪葬墓，出土珍贵文物4300多件。其中有100多幅绚烂多彩的墓室壁画，堪称中国古代瑰丽奇绝的艺术画廊，《马球图》、《客使图》、《观鸟捕蝉图》、《出猎图》、《仪仗图》等壁画，不仅对研究唐代绘画，而且对研究唐代建筑、服饰、风俗习惯、体育活动、宫廷生活、外事往来等具有十分重要的价值。

对于乾陵地宫是否被盗一直是后代人们

非常关注的问题。据文献记载，唐末农民起义黄巢声势浩大，因缺少军资，他动用40万将士盗挖乾陵，只挖出一条40余米深的大沟，但没有找到墓道口，后因政府军追剿，黄巢不得不撤兵。至今在梁山主峰西侧仍有一条深沟被称为“黄巢沟”。五代时，温韬为后梁耀州节度使期间，“唐诸陵在其境内者，悉发掘之，取之所藏金宝。……惟乾陵风雨不可发。”

民国初年，军阀混战，盗掘古墓成风，国民党将领孙连仲以保护乾陵为幌子，率部下驻扎乾陵，用真枪真炮演习的办法掩护一个师的兵力盗掘乾陵。士兵们用炸药炸了许多处，却没能找到墓道口。后来，当士兵们盲目挖掘时，忽然雷雨大作，数日不歇，军中一时传言四起，称武则天显灵了。盗掘不成，孙连仲匆忙率部离开了乾陵。

▼章怀太子墓观鸟捕蝉图

由于乾陵历史上未被盗掘，因而其地宫内的陪葬品应该是应

有尽有。结合已发掘的乾陵陪葬墓和有关文献，推测乾陵墓室是由墓道、过洞、天井、甬道和前、中、后三个墓室组成，有耳室。中室置棺床，以放置皇帝的“梓宫”即棺椁，“梓宫”的底部有防潮、防腐材料，以珍宝覆盖，其上加“七星板”，板上置席、褥，旁置衣物及珪、璋、璧、璜等“六玉”。皇帝身穿12套大敛之衣，头枕玉匣，口含玉贝，仰卧于褥上，面朝棺盖。盖内侧镶饰黄帛，帛上绘日、月、星辰及金乌、玉兔、龙、鹤等物。地宫的后室设石床，其上放置衣冠、剑佩、千味食及死者生前的喜好之物。前室设有“宝帐”，帐内设神座，周围放置玉质的“宝绶”、“谥册”和“哀册”。另外在过洞两侧的耳室和甬道石门的前后，放置有大量珍贵的随葬明器。

▲乾陵永泰公主墓出土的彩绘骑马乐俑

乾陵地宫内可能埋藏的珍宝大致可分为六大类：其一，金属类，有金、银、铜、铁等所制的各类礼仪器、日常生活用具和装饰品、工艺品等。其二，陶、瓷、琉璃、玻璃等所制的器物、人物和动物俑类等。其三，珊瑚、玛瑙、骨、角、象牙等制成的各类器具和装饰物等。其四，石质品。包括石线刻、石画像、人物及动物石雕像、石棺椁、石函和容器等。其五，壁画和朱墨题刻。其六，纸张、典籍、字画、丝绸和麻类织物，漆木器、皮革和草类编织物等。有理由相信，乾陵地宫打开之日，必是石破天惊之时。那时，盛唐文化的独异风采将让世界为之瞩目。

1966年至1971年，我国考古学家曾多次对乾陵进行勘察，结论是其墓坚固异常，据勘查，从墓道口到墓门长631米，宽3.9米，共39层，全用石条填砌，各层石条再用铁栓板固定，并灌注了铁汁，这些情况与文献所载完全一致，由此可以确信此墓确实难以开掘。

4. 唐睿宗桥陵

位于蒲城县西北约15千米处的丰山（唐时称桥山）西南。桥陵以丰山为陵，在山腹

▼桥陵全景

开凿地宫，并在四周建造陵墙。丰山气势雄伟，蜿蜒如巨龙盘峙。登顶南眺，平野辽阔，一望无垠。陵穴高出周围平地250米左右，四周诸峰环绕，山势巍峨，蔚为壮观。

唐睿宗李旦的一生，称得上富有传奇色彩，他是唐朝第五代皇帝，是高宗李治的第八子，武则天的第四子，唐玄宗李隆基的父亲。李旦曾两次登上皇帝宝座，但时间都很短，无甚建树，但能洞察形势，对稳定唐王朝做出了贡献。这不仅表现在他的两次登基，还由于他的“三让天下”：一让母亲武则天；二让皇兄李显；三让儿子李隆基。特别是选立有武功的三子李隆基为太子，并及时禅位，退居太上皇，从而防止了宫廷政变，也奠定了“开元盛世”的基础，所以不失为一个明智的君主。

桥陵建成于唐立国近百年的开元盛世，这时国力强盛，社会升平，在陵墓建筑中都有反映。其石刻艺术造型力求展现富贵气象的宏大、壮丽，陵墓建制高大宏伟。唐睿宗桥陵的陵墓建造和石刻艺术是唐代繁盛时期的代表，与乾陵并称为唐代陵墓石刻艺术之最。

桥陵因建于开元盛世，各种设施十分完备。当时地面建筑规模宏伟，规格很高。以山为陵，在地面上绕山筑城，陵园周长约13千米，占地面积8.5平方千米。陵墙四周各开一门，前为朱雀门，后为玄武门，左为青龙门，右为白虎

▲桥陵石华表

门。在陵园布局和建筑规模上基本沿袭乾陵。在丰山主峰南坡半山腰处向山体内开凿墓道,修建玄宫。围绕陵山修筑城垣,城四角均置角阙,四面各开一门。四门外各有石狮1对,门阙1对,南、北门外均有神道。北门神道两侧置列仗马3对;南门神道两侧由南向北分别置华表1对、翼兽1对、鸵鸟1对、石马5对、石人10对。神道南端有乳台阙1对。陵园西南有下宫建筑群,整个陵园最南端还筑有鹊台阙1对。

桥陵神道长约625米,宽110米,呈南北走向。距今虽已历经1270多年风蚀雨剥,桥陵现仍存有石刻53件。朱雀门外神道两侧的石刻,由南往北依次为:

华表,又名“望柱”,原为1对,现存西边完整者一座。象征“王者纳谏”、“识衡路”。通高8.64米,由座、身、顶三部分组成。座为方形,上雕有覆莲12瓣。柱身为八棱形,线雕缠枝卷叶纹及各种祥禽瑞兽图案。柱顶为仰莲承桃。基座有神兽、花草线刻。东边的一座已倒塌残缺,仅存柱顶、柱座。

獬豸(xiè zhì),俗称“独角兽”,东西各1尊。是古代传说中能辨曲直的异兽,属陵前瑞兽。身高约3米,体形硕壮,怒目露齿,身有双翼。

小资料

华　表

华表一般由底座、蟠龙柱、承露盘和其上的蹲兽组成,是古代宫殿、陵墓等大型建筑物前面做装饰用的巨大石柱。相传华表是部落时代的一种图腾标志,古称桓表、表木或诽谤之木。东汉时期开始使用石柱作华表。之后华表原先的作用已经逐渐消失而成为竖立在宫殿、桥梁、陵墓等前的大柱,是中国一种传统的建筑形式。

这样雄壮的巨大圆雕，在唐十八陵中实属罕见。东侧獬豸基座刻有“富平田氏”4字。

鸵鸟，东西各1尊，系高肉浮雕，刻于高、宽各约2米的石屏上。鸵鸟矫健的双腿，立于假山之上，回首贴翼。鸵鸟浮雕主要出现在盛唐以后的陵墓石刻中，为石刻艺术中的珍品，现保存完好。中国本不出产鸵鸟，汉代才从波斯传入。中亚各国曾多次赠送鸵鸟给我国，因为物以稀为贵，它被视为吉祥的象征，也称朱雀或鸾鸟。

▲桥陵石鸵鸟

石马，5对，身高1.7米至2米，身长2.3米至2.6米，形态不一，鞍鞯等装饰品也各具特色。现在多数头部损坏。玄武门外还有破残石马3对。这些石马，大部分没有嘴，传说是百马成精，偷吃米面，被当地老百姓把

▼桥陵石马

嘴打掉了。

石翁仲，俗称“石人”，原为10对，现在多数完好。身高3.67米至4.28米不等，均为直阁将军装束。头戴鹖（hé）冠，中饰飞鹰，褒衣博带，足蹬高头履，双手拄剑。其面部表情，有的巡视前方，有的低眉含笑，有的面带隐忧。

特别值得一提的是桥陵石狮。石狮具有守护陵墓的威力，是古代皇权不可触犯的象征，它主要是向人们展示雄烈，仪卫亡灵，给人以震慑，是人化了的“兽”的形象。按规定，唐陵4门均有石狮1对，桥陵朱雀门外1对石狮，呈蹲踞状，张目露齿，挺胸昂首，形态各异，镌刻细腻，肌肤丰满，造型雄伟，保存完好，体态硕大，高达2.8米，堪称石刻艺术的珍品；青龙门外石狮蹲座回首（称“回头望”），亦为唐陵石刻所罕见，其他各门石狮也均保存完整。

桥陵石雕排列成行，气势磅礴，蔚为壮观，有“桥陵石刻甲天下”之美誉。是当时的石雕大师们继承和发展汉魏六朝的传统技艺，又发挥自己的写实手法和高超技艺，表现出各种石刻的内在精神和生动面貌，给人以质的感受和美的享受，充分体现盛唐文化艺术高度发展的繁荣景象。

据记载，桥陵当时地面建筑除雄伟的九间献殿外，还有几座阙楼及下宫、陵署等，房屋建筑达140间。陵园设有陵台令及主文、主乐、主辇、典事等官员23人，陵户400人，还设有折冲府，专门有官兵负责保卫工作。

5. 唐玄宗泰陵

位于蒲城县东北15千米处五龙山余脉金粟山南。此山海拔716米，山峦起伏，逶迤蜿蜒。以山为陵，在山腹中建造墓室，四周绕陵筑墙。这里长眠着曾经励精图治赢得开元盛世的唐朝第六代皇帝李隆基。

李隆基是睿宗李旦第二子，被封为临淄郡王，后因平“韦后之乱”拥睿宗复位有功，被封为太子。延和元年(712年)，他迫使其父禅位，登上了皇帝的宝座，时年28岁，在位45年。其年号有先天、开元、天宝。710年，韦皇后毒死中宗，

▼泰陵全景

以皇太后的身份临朝干政，并谋害相王李旦，李隆基联合姑母太平公主发动宫廷政变，铲除韦氏及其党羽，迫使少帝李重茂颁布诏书，让帝位于叔父相王旦。李隆基被立为皇太子。当时，宫廷的内部斗争十分激烈，太平公主在协助李隆基政变除掉韦后以后，依仗功大，日益骄奢，不可一世。朝中宰相7人，有5人和太平公主关系密切，姑侄关系特别紧张。712年，睿宗自称太上皇，把帝位传给了李隆基。713年，太平公主与其党羽密谋，企图发动政变，推翻玄宗，自为皇帝。但是这个阴谋很快被唐玄宗发现，他先发制人，杀死太平公主，彻底剪除了太平公主及其党羽，结束了武则天以来一连串的宫廷政变。

唐玄宗统治初期，继承了唐太宗的统治政策，他任用贤相，整顿吏治，选拔人才，赏罚严明，君臣之间密切配合，唐朝出现了“开元盛世”。但其后期却殆于政事，任用奸臣李林甫为相，杜绝言路，嫉贤妒能，杀诸功臣，宠幸杨贵妃。整天沉溺于声色淫逸的生活之中，使朝政日益腐败，终于在天宝十四年（755年）发生了安史之乱。叛军攻入长安城，玄宗被迫逃往四川，途经马嵬驿，兵士哗变，他无可奈何，赐杨贵妃自尽。他的儿子李亨在灵武即皇帝位，遥尊玄宗为太上皇。至德二年（757年），玄宗回到长安，宝应元年（762年）死于长安神龙殿，

小资料

开元盛世

开元之治是唐玄宗（李隆基）统治前期所出现的盛世。开元年间，唐玄宗提倡文教，励精图治，任用贤能，进行一些改革，使得天下大治，政治清明，经济迅速发展，唐朝进入全盛时期，并成为当时世界上最强盛的国家，史称“开元盛世”，前后共29年。

终年78岁，翌年三月葬泰陵。

泰陵在桥陵东北23千米，是渭北唐陵中最东端的一个。开元十七年(729年)，李隆基谒桥陵至金粟山，见此山有龙盘凤息之势，谓左右曰："吾千秋后，宜葬此地。"

▲桥陵石翁仲

泰陵规模浩大，设置分内外两城，布局酷似京师长安。现存石刻有：华表、天马、驼鸟、石翁仲、石狮等。这些石雕刻工细腻，形象逼真，线条流畅，是我国石刻艺术的瑰宝珍品。

南门神道石刻现存：

华表1对，华表是古代帝王接忠纳谏的象征。此对石华表高4.5米，莲花基座，八棱柱身，周身线雕缠枝卷叶花纹，顶端为宝珠。

▼桥陵石翼兽

天马1对，天马因身生双翼故也称翼马，是传说中能飞善跑的灵兽，只有在太平盛世才能出现这种传播友谊的

吉祥动物。鲍方在“开元乐章”中写道：“开元海内承平久，万国戎王皆顿首。天马衔来苜蓿花，故人献上葡萄酒。”此石天马高2.24米，长2.1米，昂首挺胸、浑圆雄壮。造型雄伟，肚底部刻有花纹。

驼鸟1对，驼鸟是中外人民友谊的见证，它原产于非洲沙漠地带。唐初时，随着大唐帝国的日益强盛，中外友好往来和文化交流日益频繁，伊朗、吐火罗（今阿富汗北部）等中亚细亚古国，曾先后派遣使者送驼鸟到长安。据《新唐书·吐火罗传》记载，唐高宗永徽元年（650年）五月，吐火罗“献驼鸟，高六尺，色墨，足类蒿驼，鼓翅而行，日三百里，日吨铁，俗为驼鸟”。当时人们把驼鸟视为神异，又视为祥瑞，四方献贡，是社稷兴旺的象征。于是献于唐太宗李世民昭陵，驼鸟便跻身于司马道两侧。陵前放有形态活跃的石驼鸟，以示王权声威，臣服边陲，天下归顺。这对石雕驼鸟体态和跃，羽毛丰满，回首贴翼，生动自然，它刻在高1.45米，宽1.93米，厚0.45米的石屏上，为唐代石刻艺术中的珍品。

石马5对，石马高1.7米，长1.8米，整个基座和马身是一块大石刻成，鬃毛密披，鞍蹬俱全，昂首前视，神态自若。

石人10对，石人又称石翁仲，它按左文右武两行相排列。全是身穿长袍、头带高冠。文臣挂圭，武将持剑，这些石人面部表情神态各异。唐玄宗执政时为“文用汉、武用胡”，所以石刻武臣全为少数民族形象。石人身高2.5米，胸围2.15米。

石狮1对，此对石狮威武雄壮，身高1.6米，长1.2米，宽1米。另外三门也各有石狮1对。

陪葬泰陵的只有元献皇后杨氏和宦官高力士。玄宗皇后杨氏，弘农华阴人，系肃宗李亨的生母，卒于开元十七年（729年），先葬于长安细柳原。肃宗当皇帝后，母以子贵，德以谥尊，追册杨氏为元献太后。宝应二年（763年）正月，祔葬泰陵。

高力士是中国唐代的著名宦官之一。宝应元年（762年）卒于朗州（今湖南常德），代宗

▼高力士墓

赠以扬州大都督，陪葬泰陵。大历十二年(777年)，代宗为追念高力士侍奉玄宗的功劳，立神道碑予以表彰。高力士墓位于保南乡山西村西。墓为圆锥形，高5.3米，周长70米。墓碑现存蒲城县文化馆。

关中唐十八陵及其分布：

高祖(李渊)献陵：三原县东20千米的徐木原上。

太宗(李世民)昭陵：礼泉县东北20多千米的九嵕山上。

高宗(李治、武则天合葬墓)乾陵：乾县西

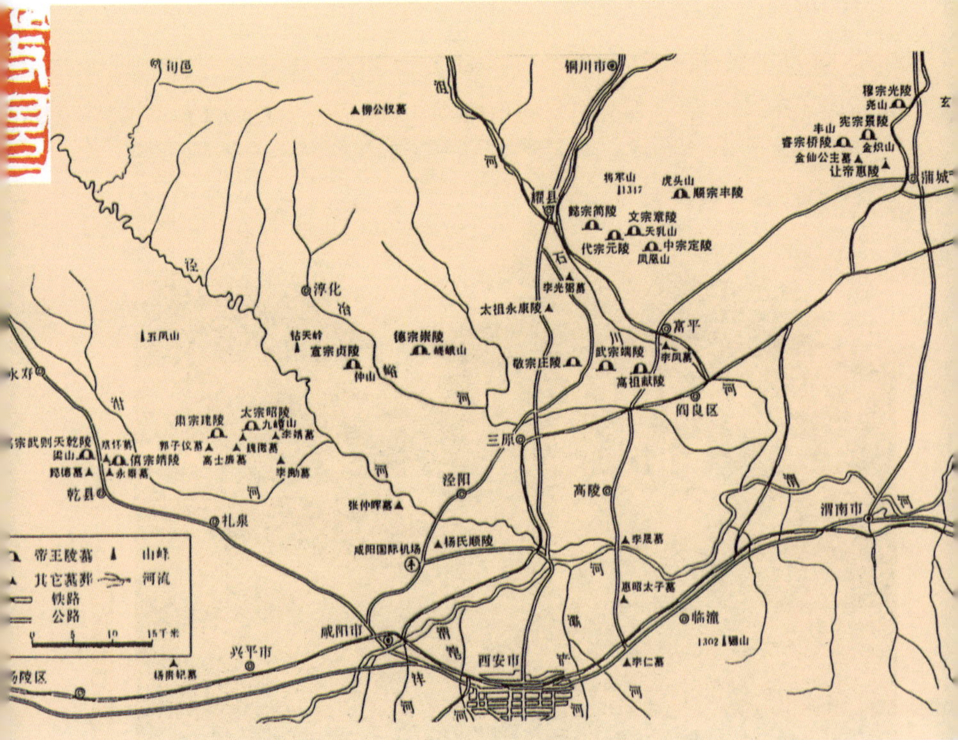

▼唐十八陵分布示意图

北的梁山主峰上。

中宗(李显)定陵:富平县北10千米的龙泉山上。

睿宗(李旦)桥陵:蒲城县西北15千米的丰山上。

玄宗(李隆基)泰陵:蒲城县东北15千米的金粟山上。

肃宗(李亨)建陵:礼泉县北12千米的索山石马岭上。

代宗(李豫)元陵:富平县西北14千米的檀山上。

德宗(李适(kuò))崇陵:泾阳县云阳镇东北15千米的嵯峨山的主峰东侧。

顺宗(李诵)丰陵:富平县东北20千米的金翁山上。

宪宗(李纯)景陵:蒲城县西北13千米的金积山上。

穆宗(李恒)光陵:蒲城县北15千米的尧山南侧。

敬宗(李湛)庄陵:三原县陵前乡紫家窖村东侧。

文宗(李昂)章陵:富平县西北15千米的雷村乡西岭山上。

武宗(李炎)端陵:三原县徐木原西侧。

宣宗(李忱)贞陵:泾阳县云阳镇西北白王乡黄村北的仲山上。

懿宗（李漼（cuǐ））简陵：富平县西北18千米的紫金山上。

僖宗（李儇（xuān））靖陵：乾县东北5千米的铁佛乡南陵村。

追封的唐王朝帝王陵：

太祖（李虎）永康陵：咸阳城东北55千米处三原县陵前乡侯家堡。

元皇帝（李兴）宁陵：咸阳渭城区红旗乡后排村北侧。

让皇帝（李宪）惠陵：蒲城县西北4千米的三合乡三合村。

武则天母（杨氏）顺陵：咸阳渭城区底张乡陈村南侧。

从高祖李渊算起至哀帝李柷，唐朝共有21位皇帝。除唐末的昭宗李晔葬河南偃师的和陵，哀帝李柷葬山东菏泽的温陵之外，又因武则天与高宗合葬，因此有18座分布在渭河以北的陵墓。

明十三藩王陵

北京有明十三陵，西安也有“明十三陵”。前者是明朝迁都北京后的13位皇帝的陵寝，而后者则是分布于西安市长安区凤栖原、少陵原等地约45平方千米的明代秦藩王墓葬群，其中有13座藩王墓和由50座陪葬墓组成的庞大墓群，属于全国重点文物保护单位。

明代初年，朱元璋曾有意将都城迁到西安，说明了西安的重要性，于是将其次子封到西安，为秦王。从洪武三年(1370年)开始，朱元璋先后分封诸子、亲族为藩王、郡王，以镇守各地。明制，皇子封亲王，授金册金宝，岁禄万石，府置官属。护卫甲士少者三千人，多者至万九千人。冕

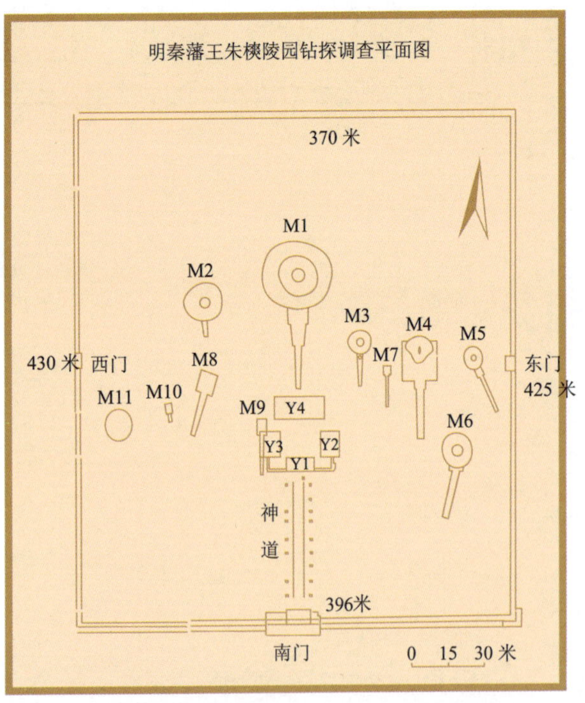

▶ 明藩王朱樉(shǎng)陵园平面图

服车旗邸第，下天子一等。公侯大臣伏而拜谒，无敢钧礼。明太祖洪武皇帝对西安的地理位置非常关注，加之秦王在诸王中年龄最长、权利最重，故号称天下首藩，有“天下第一藩国”之称，其地位仅在皇帝和太子之下。

在陕的第一代藩王为朱元璋次子朱樉，以后还传10代14位至景王朱存极，崇祯末被李自成所掳，不知所终。有明一代200余年间，先后有13位藩王，30余位郡王及其夫人、子孙等埋葬于今长安区、雁塔区少陵原、鸿固原、高望原、凤栖原等地，其中包括明秦藩王墓葬13座，整个墓地分布于未央路至韦曲南北中轴线以东、西安府城东南、明咸宁县境内南北长约9千米、东西宽约5千米的范围内，被称为明秦藩十三陵。明制规定，藩王、诸王出生后两岁，开始修建陵墓，修好后只留一个天井，死后才封葬，由于讳避墓，所以称为“井”。当时每井有两营兵把守，后来九井共十八寨均发展为村庄。所谓“九井十八寨，个个有由来”，每个井就是一处藩王家室陵。

明秦王之所以选择凤栖原、少陵原作为其陵墓所在地，是因为这里地势高敞，视野广阔，北望西安，南接秦岭，东有浐河，西有潏(yù)河，是一块风水宝地。

从地表遗存观察，现只发现了7座陵园，分别为第一代愍王朱樉陵园、第二代隐王朱尚炳陵园、第三代康王朱志壥(qiè)陵园、第四代惠王

朱公锡陵园、第五代简王朱诚泳陵园、第八代宣王朱怀埢(quán)陵园、第九代世子朱敬镕陵园。陵区的分布以第一代愍王朱樉陵园为中心，第二代隐王朱尚炳陵园位于朱樉陵园之东，第三代康王朱志墡陵园、第四代惠王朱公锡陵园位于朱樉陵园之西南，第五代简王朱诚泳陵园、第八代宣王朱怀埢陵园、第九代世子朱敬镕陵园位于朱樉陵园之西北。

第一代秦王朱樉的墓冢，已探明陵外围墙四周各约1000米。陵墓封土现存20多米高，墓前神道两旁有华表、石羊、石虎等大型石雕18尊，其造型刻工精美，是明代石刻的精品。封土从下往上总共分为3层，从高空往下看，就像几个从内向外、由小到大的同心圆。

在这些藩王的陵墓前还有大型石刻，一般组合为：华表、石羊、石虎、麒麟、文官俑、武官俑各2个，马2或4个，神道碑1个。少陵原上石刻总计90余件，时间跨度从明早期到中晚期，风格明显。

十三王陵及50余座陪葬墓保存基本完好，地下文物丰富，仅简王墓就出土文物320余件，现陈列于陕西历史博物馆。在偌大的展柜里，300多个陶俑依次排列，每个陶俑都有着自己独特的表情。在这些陶俑里，有文官方阵、武将方阵，而更多的则是颇具生活气息的娱乐俑。他们或吹、或谈、或唱，神情各异，眉飞色舞，虽然手中的乐器因为

小资料

西安名称的由来

西安，在西周时称为“丰镐”。是周文王和周武王分别修建的丰京和镐京的合称。秦汉称长安，隋称大兴城，唐又称长安。宋代置陕西路，后置永兴军路。元代改安西路为奉元路。明洪武二年(公元1369年)三月，大将军徐达进兵奉元路，明朝政府即改奉元路为西安府，意为“安定西北”。

种种原因已经无法寻觅，但站在他们跟前，静下心来似乎还能听到那久远的交响合唱。地面90余件大型石刻雕刻细腻，神态生动，栩栩如生，是明代保存最多最完好的石刻，也是研究明代历史、石刻艺术、礼制服装的重要资料，被称作是埋藏在地下的一部明代通史。

▲明朱楧陵石刻

▲明朱楧陵石狮

▲明简王陵石刻马